Ulrike Gaidosch
Christine Müller

unter Mitarbeit von

Andrea Mackensen
Andreas Tomaszewski

Beratung

Dr. Johannes Hauser
Marion Overhoff-Sovuksu
Jürgen Schweckendiek

Zur Orientierung

Basiswissen Deutschland

Kursbuch mit Audios online
Deutsch als Fremdsprache

Hueber Verlag

Dieser Titel ersetzt die ISBN 978-3-19-001499-6 und entspricht der 9. Auflage in der Gesamtzählung.

Seiten 59–62, 64–67, 73, 76 und 77 unter Mitarbeit von
Roland Fischer

Die Audiodateien finden Sie in der *Hueber Media*-App. Sie stehen zusätzlich auch unter www.hueber.de/zur-orientierung zur Verfügung.

4. 3. 2. | Die letzten Ziffern
2028 27 26 25 24 | bezeichnen Zahl und Jahr des Druckes.
Alle Drucke dieser Auflage können, da unverändert, nebeneinander benutzt werden.
1. Auflage

Redaktion: Hueber-Redaktion, München; Dr. Jörg-Manfred Unger, Köln
Druck und Bindung: Passavia Druckservice GmbH & Co. KG, Passau
Printed in Germany
ISBN 978–3–19–201499–4

Art. 530_29911_001_02

Zur Orientierung, Basiswissen Deutschland vermittelt Kenntnisse über den Staatsaufbau, die Rechtsordnung, die Geschichte, die Kultur und das Alltagsleben. Dabei werden die Lernenden immer wieder zu einem Meinungs- und Erfahrungsaustausch angeregt. Der Orientierungskurs macht so zum einen deutlich, dass für eine erfolgreiche Integration ein bestimmtes Basiswissen sowie Kenntnisse über Rechte und Pflichten notwendig sind. Zum anderen werden aber auch Austausch und Reflektion als zentraler Bestandteil einer demokratischen Kultur vermittelt.

Zur Orientierung, Basiswissen Deutschland orientiert sich am „Curriculum für einen bundesweiten Orientierungskurs" des Bundesamtes für Migration und Flüchtlinge (BAMF). Die drei Module entsprechen den Modulen des Curriculums und bereiten so auf den Test *Leben in Deutschland* vor.

Das Modul 0 bietet einen sanften Einstieg in den Kurs. Die Module 1–3 enthalten eine bildgestützte Einstiegsseite, mit der das jeweilige Modulthema eingeleitet wird. In jedem Modul gibt es Unterthemen, die durch thematische Überschriften in der oberen Leiste verdeutlicht werden. Auf diesen Seiten wird der Kernstoff für ein erfolgreiches Bestehen der Prüfung vermittelt. Am Ende jedes Moduls ist der Lernstoff auf den Seiten *Wissen* noch einmal kompakt zusammengefasst.

Sehr zu empfehlen ist die Bearbeitung der Seiten *Testen Sie sich*, um sich den Stoff noch einmal bewusst zu machen und den eigenen Kenntnisstand zu überprüfen. Die Lösungen dazu sind im Buch nicht abgedruckt, sondern sollten im Kurs besprochen werden. Wer deutlich mehr als die Hälfte der Fragen richtig beantworten kann, sollte den Test *Leben in Deutschland* ohne Probleme bestehen können. Generell ist es aber sinnvoll, sich die Informationen auf den Wissensseiten der drei Module noch einmal gründlich einzuprägen. Die wichtigsten Begriffe kann man im *Glossar zum Orientierungskurs* nachschlagen.

Auf die Bearbeitung des Modelltests kann man sich mit den Seiten *Prüfungsstrategien und weitere Angebote* vorbereiten.

Die Hörtexte des Buches finden Sie online unter www.hueber.de/zur-orientierung oder in der *Hueber Media*-App.

Das *Glossar mit zusätzlichen Begriffen für Einbürgerungskurse* bietet einen Überblick über zusätzliche Themen und Begriffe, die für Einbürgerungskurse und die Prüfung dazu relevant sind.

Viel Freude beim Lehren und Lernen wünschen
Autorinnen und Redaktion.

Inhalt

0 Kleines Deutschlandquiz

1 Stimmen diese Aussagen über Deutschland? Kreuzen Sie an.

		richtig	falsch
a	Die Hauptstadt der Bundesrepublik Deutschland ist Bonn.	☐	☐
b	Die Bundesrepublik Deutschland besteht aus 16 Bundesländern.	☐	☐
c	Jedes Bundesland hat einen eigenen Bundeskanzler / eine eigene Bundeskanzlerin.	☐	☐
d	Alle Mädchen und Jungen ab sechs Jahren müssen in die Schule gehen.	☐	☐
e	Wenn man Kinder hat, bekommt man vom Staat Kindergeld.	☐	☐
f	Jeder Mensch darf seine eigene Meinung sagen und nach seiner eigenen Religion leben.	☐	☐
g	Frauen dürfen nicht die gleichen Berufe haben wie Männer.	☐	☐
h	Von 1949 bis 1990 gab es zwei deutsche Staaten.	☐	☐
i	Der Staat hilft den Menschen, wenn sie in Not sind.	☐	☐
j	Goethe und Schiller waren berühmte deutsche Autoren.	☐	☐
k	In ganz Deutschland sprechen die Menschen Hochdeutsch.	☐	☐
l	An den Schulen gibt es Religionsunterricht.	☐	☐
m	Wenn man einen Termin bei einer Behörde hat, sollte man pünktlich kommen.	☐	☐

2 Notieren Sie.

a Welche Themen interessieren Sie besonders?

Politik | meine Rechte und Pflichten | Kultur | Geschichte | Institutionen | Kindergarten | Schule | Ausbildung | ...

b Welche Fragen haben Sie zu Ihren Themen?

3 Über welches Thema wissen Sie schon etwas?

Sammeln Sie Informationen im Kurs und machen Sie ein Plakat.

1 Wo kann/muss man hingehen? Ordnen Sie zu.

a Sie müssen Ihre Steuererklärung ausfüllen und haben Fragen dazu.
b Sie sind arbeitslos und suchen Arbeit.
c Ihr Kind hatte einen Unfall.
d Sie wollen Ihre Zeugnisse anerkennen lassen.
e Sie suchen einen Deutschkurs.
f Ihr Vermieter hat die Miete erhöht. Sie möchten wissen, ob er das darf.
g Sie möchten günstig in Ihr Heimatland telefonieren.
h Sie möchten sich über Ihre Rente informieren.
i Sie möchten eine E-Mail schreiben, haben aber keinen Computer.
j Sie möchten Geld in Ihr Heimatland überweisen.
k Sie müssen Ihr neues Auto anmelden.

1 Sprachschule
2 Call-Shop
3 internationale Bank
4 Kfz-Anmeldestelle
5 Notfallambulanz
6 Internet-Café
7 Zeugnisanerkennungsstelle
8 Wohnungsamt
9 Deutsche Rentenversicherung
10 Finanzamt
11 Agentur für Arbeit (Arbeitsamt)

2 Was gibt es auch in Ihrer Stadt? Kreuzen Sie in Aufgabe 1 an.

3 Wo gibt es das in Ihrer Stadt?

Hängen Sie einen großen Stadtplan auf und markieren Sie mit Zetteln wie im Beispiel.

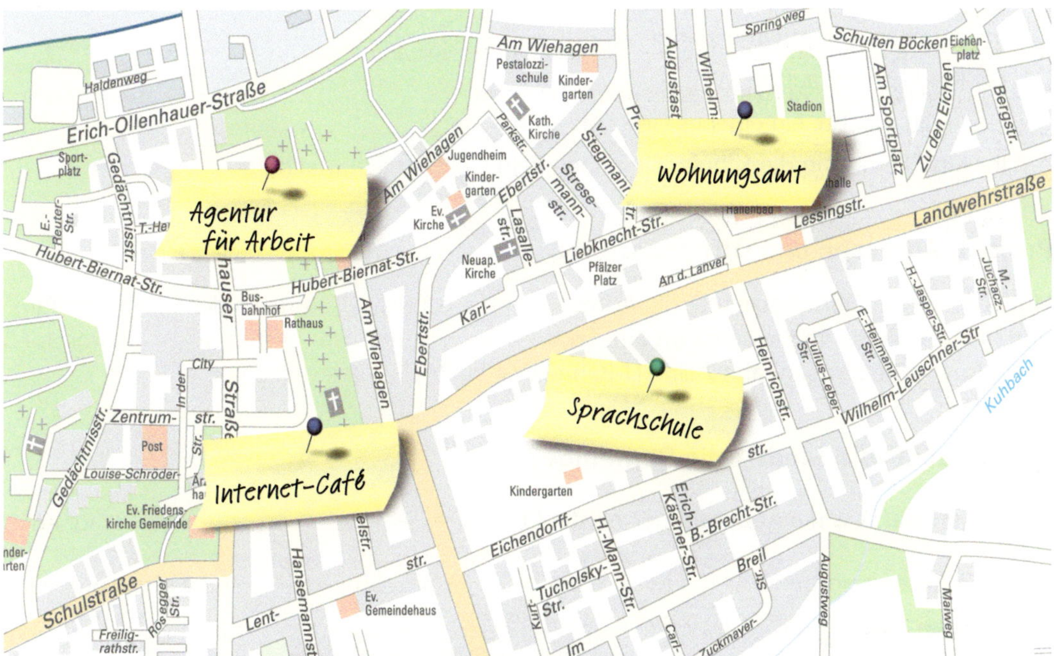

© www.cartomedia-karlsruhe.de

4 Was ist in Ihrer Stadt noch für Sie wichtig? Notieren Sie und ergänzen Sie den Stadtplan.

5 Was fehlt Ihnen in Ihrer neuen Stadt? Denken Sie an Ihre Heimatstadt.

0

Aufgaben von Städten und Gemeinden

1 Welche Behörde ist hier gemeint? Ordnen Sie zu.

1

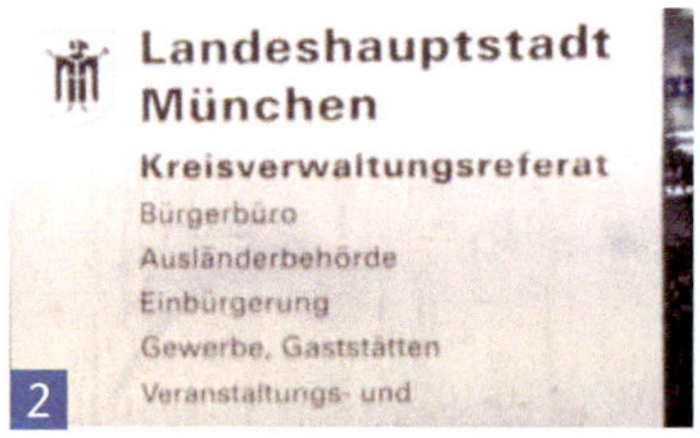

2

3

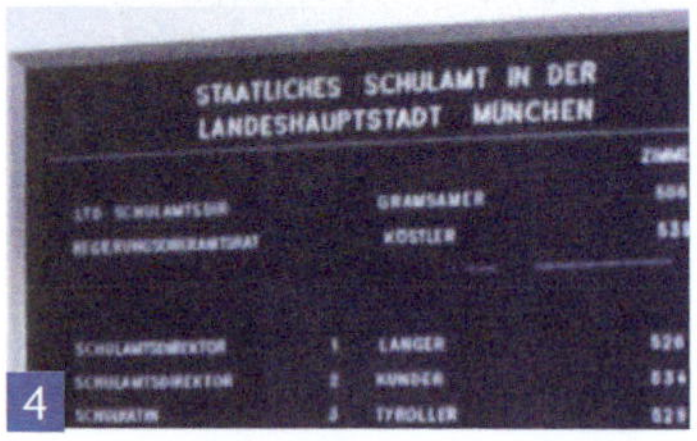

4

5

6

a Fundbüro | b Schulamt | c Standesamt | d Meldebehörde |
e Ausländerbehörde | f Sozialamt | g Gewerbeamt

2 Wohin müssen Sie gehen? Notieren Sie.

a Unser Kind kommt in die Schule. *Schulamt*

b Mein Mann hat seine Schlüssel in der Stadt verloren. ____________

c Eine Familie ist neu in der Stadt und muss sich anmelden. ____________

d Ein Mann und eine Frau wollen heiraten. ____________

e Ein junger Ehemann mit einer befristeten Aufenthaltserlaubnis muss seinen Aufenthalt verlängern. ____________

f Ein Kind kommt auf die Welt. ____________

g Eine Frau möchte ein eigenes Geschäft aufmachen. ____________

h Ihr Kind kommt in die Schule. Sie haben kein Geld für Schulsachen. ____________

3 Projekt: Adressen und Öffnungszeiten

Notieren Sie die Öffnungszeiten, die Adressen und die Telefonnummern der Behörden auf Zettel und hängen Sie sie im Klassenraum auf. Erklären Sie, wie man am besten dort hinkommt. (Gibt es einen Bus / eine Straßenbahn / eine U-Bahn? Wie heißt die Haltestelle?)

4 Was „macht" die Stadt / die Gemeinde?

1

a Hören Sie. Was nennt der Bürgermeister? Kreuzen Sie an.

☒ Wasserversorgung ☐ Müllabfuhr ☐ Finanzamt ☐ Gesundheitsuntersuchungen
☐ Sozialamt ☐ Agentur für Arbeit ☐ Schwimmbäder ☐ Jugendzentrum ☐ Gesetze
☐ Gewerbeamt ☐ Einwohnermeldeamt

b Was machen diese Behörden? Ordnen Sie zu.

1 Finanzamt	a Wenn man umzieht, muss man das hier melden.
2 Gewerbeamt	b Wenn man in Not ist, kann man hier Hilfe bekommen.
3 Einwohnermeldeamt	c Hier muss man seine Steuererklärung abgeben.
4 Sozialamt	d Dieses Amt ist für die Firmen in einer Stadt zuständig.

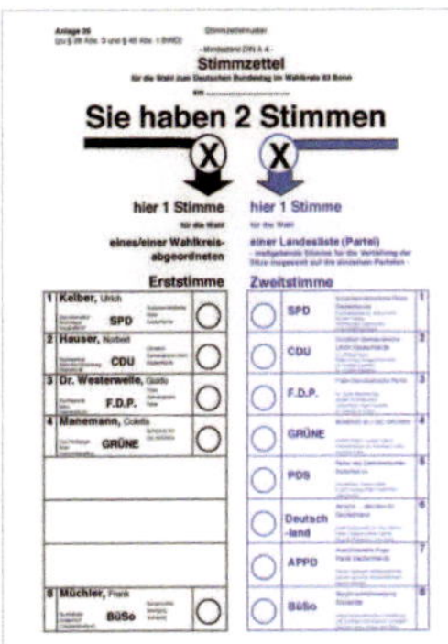

1 Quiz: Stimmen diese Aussagen über Deutschland? Kreuzen Sie an.

- a Der Regierungschef / Die Regierungschefin wird Premierminister/in genannt. ☐
- b Deutschland ist eine föderalistische Republik. ☐
- c Die Bundestagswahl findet alle vier Jahre statt. ☐
- d Die nichtdeutschen Bürger dürfen an keiner Wahl teilnehmen. ☐
- e Menschen, die in Deutschland leben, müssen sich an die Verfassung halten. ☐
- f Deutschland ist ein Rechtsstaat, d.h. auch der Staat muss sich an Gesetze halten. ☐
- g Die deutsche Verfassung heißt „Grundgesetz“. ☐
- h Man darf nicht öffentlich die Regierung kritisieren. ☐
- i Die deutschen Gesetze verbieten, dass die Menschen Protest-Listen unterschreiben. ☐
- j In der deutschen Verfassung steht, dass man das Recht auf eine Wohnung hat. ☐
- k Die Kinder müssen ab dem 6. Lebensjahr in die Schule gehen. ☐
- l Auf dem Bundeswappen ist eine Taube abgebildet. ☐
- m Man muss Kirchensteuern zahlen, egal ob man einer Kirche angehört oder nicht. ☐
- n Die Sozialversicherung wird vom Staat kontrolliert und schützt die Menschen in einer sozialen Notlage. ☐

2 Über welches Thema wissen Sie schon etwas?

Arbeiten Sie in Gruppen. Sammeln Sie Informationen und machen Sie ein Plakat.

1 Staatssymbole

1 Welche Staatssymbole hat die Bundesrepublik Deutschland?

a Kreuzen Sie an.

1 ☒

2 ☐

3 ☐

4 ☐

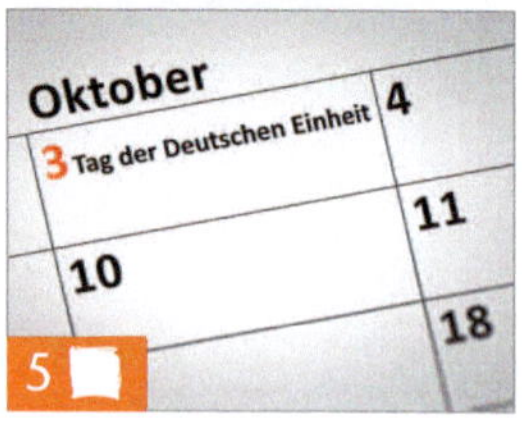

5 ☐

6 ☐

7 ☐

8 ☐

b Lesen Sie die Texte und ordnen Sie sie den Staatssymbolen in a zu.

a Das Bundeswappen zeigt einen schwarzen Adler mit roten Krallen, der Hintergrund ist golden oder gelb. Es ist eines der ältesten Staatssymbole der Welt. ☐

b Die Farben der Bundesflagge erklärte man zum ersten Mal 1848 in Frankfurt am Main zu den Bundesfarben. Seit dem 8.5.1949 ist die schwarz-rot-goldene Flagge laut Grundgesetz die Nationalflagge der Bundesrepublik. ☐

c Die deutsche Nationalhymne ist die dritte Strophe des Deutschlandliedes von August Heinrich Hoffmann von Fallersleben (1798–1874). Die Musik hat Franz Josef Haydn (1732–1809) komponiert. ☐

d Die Hauptstadt der Bundesrepublik ist Berlin. Hier hat auch die Regierung ihren Hauptsitz. ☐

e Der Tag der Deutschen Einheit ist ein Nationalfeiertag. Seit dem 3. Oktober 1990 ist Deutschland wiedervereinigt. ☐

2 Was bedeuten die Farben auf der deutschen Flagge? Lesen Sie die Texte. Was glauben Sie: Welcher Text ist richtig? Kreuzen Sie an.

a Während der Befreiungskriege gegen Napoleon (1813–1815) verwendete man die drei Farben als Symbol eines deutschen Nationalstaates. Die Farben stammen von den Uniformen freiwilliger Soldaten der preußischen Armee: Die Soldaten trugen schwarze Uniformen mit goldenen Knöpfen und roten Verzierungen.

b Nach dem Zweiten Weltkrieg wählte man die Farben Schwarz-Rot-Gold als Symbole für das Pulver, das im Krieg verschossen wurde (Schwarz), für das Blut der Soldaten (Rot) und für die Hoffnung auf eine bessere Zukunft (Gold).

c Die Farben Schwarz-Rot-Gold wurden bei der Gründung des Deutschen Reiches (1871) als Symbole des neuen Reiches ausgewählt. Gold stand für die kaiserliche Krone, Rot für den kaiserlichen Mantel und Schwarz für die kaiserliche Armee.

3 Projekt: Das Wappen des Bundeslandes, in dem ich lebe

Wie sieht das Wappen des Bundeslandes aus, in dem Sie leben? Was bedeuten die Figuren, Tiere oder Farben? Informieren Sie sich im Internet und in verschiedenen Lexika. Präsentieren Sie die gesammelten Informationen im Kurs.

4 **Kennen Sie die deutsche Nationalhymne? Welche Antwort ist richtig? Machen Sie den Test und kreuzen Sie an.**

1. Wer hat die Musik komponiert?

- [ ] a Johann Sebastian Bach.
- [ ] b Ludwig van Beethoven.
- [ ] c Joseph Haydn.

2. Wer hat den Text geschrieben?

- [ ] a Johann Wolfgang von Goethe.
- [ ] b Heinrich Hoffmann von Fallersleben.
- [ ] c Thomas Mann.

3. Wie viele Strophen hat die deutsche Nationalhymne?

- [ ] a Fünf. - [ ] b Eine. - [ ] c Drei.

5 **Wann wird die Nationalhymne normalerweise gespielt?**

a Kreuzen Sie an.

- [ ] 1 Bei der Eröffnung der olympischen Spiele.
- [ ] 2 Bei der Feier zum *Tag der deutschen Einheit*.
- [ ] 3 Wenn die Regierung eine Pressekonferenz gibt.
- [ ] 4 Bei der Eröffnung des akademischen Jahres an den Universitäten.
- [ ] 5 Vor den beiden wichtigsten Nachrichtensendungen im Fernsehen.
- [ ] 6 Wenn der deutsche Bundespräsident einen Staatsbesuch im Ausland macht.
- [ ] 7 Vor einem Fußballspiel, wenn die deutsche Nationalmannschaft gegen eine Nationalmannschaft aus einem anderen Land spielt.

b Wie ist es in Ihrem Land? Vergleichen Sie im Kurs.

6 **Lesen Sie den Text der Hymne. Versuchen Sie, den Text kurz mit eigenen Worten zusammenzufassen.**

____

____

____

____

Einigkeit und Recht und Freiheit
Für das deutsche Vaterland!
Danach lasst uns alle streben,
Brüderlich mit Herz und Hand!
Einigkeit und Recht und Freiheit
Sind des Glückes Unterpfand:
Blüh im Glanze dieses Glückes,
Blühe, deutsches Vaterland!

7 **Wie klingt die deutsche Nationalhymne für Sie? Geben Sie auf www.bundesregierung.de den Suchbegriff „Nationalhymne" ein und hören Sie.**

feierlich – dramatisch – lustig – interessant – traurig – energisch

1 Die Bundesländer

1 In welchem Bundesland wohnen Sie? Wie heißt die Hauptstadt? Kreuzen Sie an.

a Baden-Württemberg ☐
b Bayern ☐
c Berlin ☐
d Brandenburg ☐
e Bremen ☐
f Hamburg ☐
g Hessen ☐
h Mecklenburg-Vorpommern ☐
i Niedersachsen ☐
j Nordrhein-Westfalen ☐
k Rheinland-Pfalz ☐
l Saarland ☐
m Sachsen ☐
n Sachsen-Anhalt ☐
o Schleswig-Holstein ☐
p Thüringen ☐

1 Berlin ☐
2 Bremen ☐
3 Dresden ☐
4 Düsseldorf ☐
5 Erfurt ☐
6 Hamburg ☐
7 Hannover ☐
8 Kiel ☐
9 Magdeburg ☐
10 Mainz ☐
11 München ☐
12 Potsdam ☐
13 Saarbrücken ☐
14 Schwerin ☐
15 Stuttgart ☐
16 Wiesbaden ☐

2 Was wissen Sie über Ihr Bundesland?

Notieren Sie Stichpunkte zu folgenden und weiteren Begriffen und stellen Sie sie im Kurs vor.

wichtige Städte | Regierungsbezirke und Landkreise | Natur (Seen, Flüsse, Berge, Meer) | Sehenswürdigkeiten | Feste | Ministerpräsident/in | berühmte Personen | Sport und Freizeit | Arbeit | Industrie | ...

3 Deutschlandkarte

Ergänzen Sie die Bundesländer und die Hauptstädte aus Aufgabe 1.

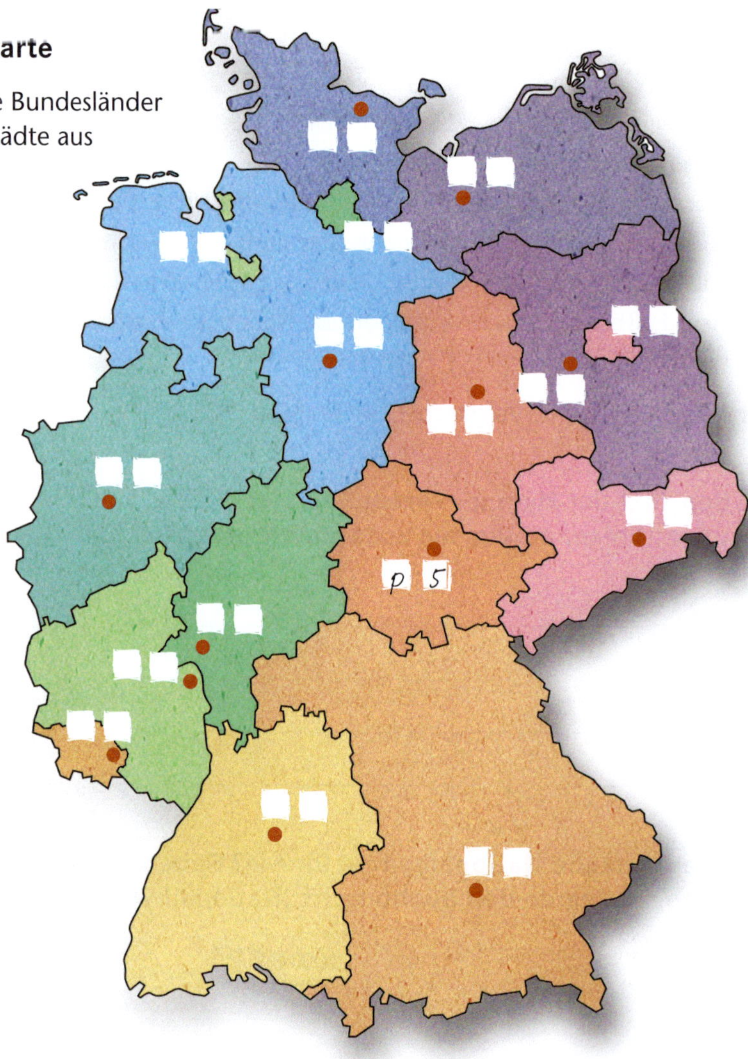

4 Bund und Länder

Was gehört zum Bund (Bundesrepublik Deutschland), was zu den Ländern? Notieren Sie.

Bundestag | Bundesversammlung | Landtag | Bundesregierung | Ministerpräsident/in | Bundeskanzler/in | ~~Bundespräsident/in~~ | Bundesrat | ~~Landesregierung~~

Bund: *Bundespräsident/in* ... Länder, z.B. Thüringen: *Landesregierung* ...

5 Sehen Sie sich die Grafik an und lesen Sie die Texte. Schreiben Sie die passenden Begriffe aus Aufgabe 4 über die Texte.

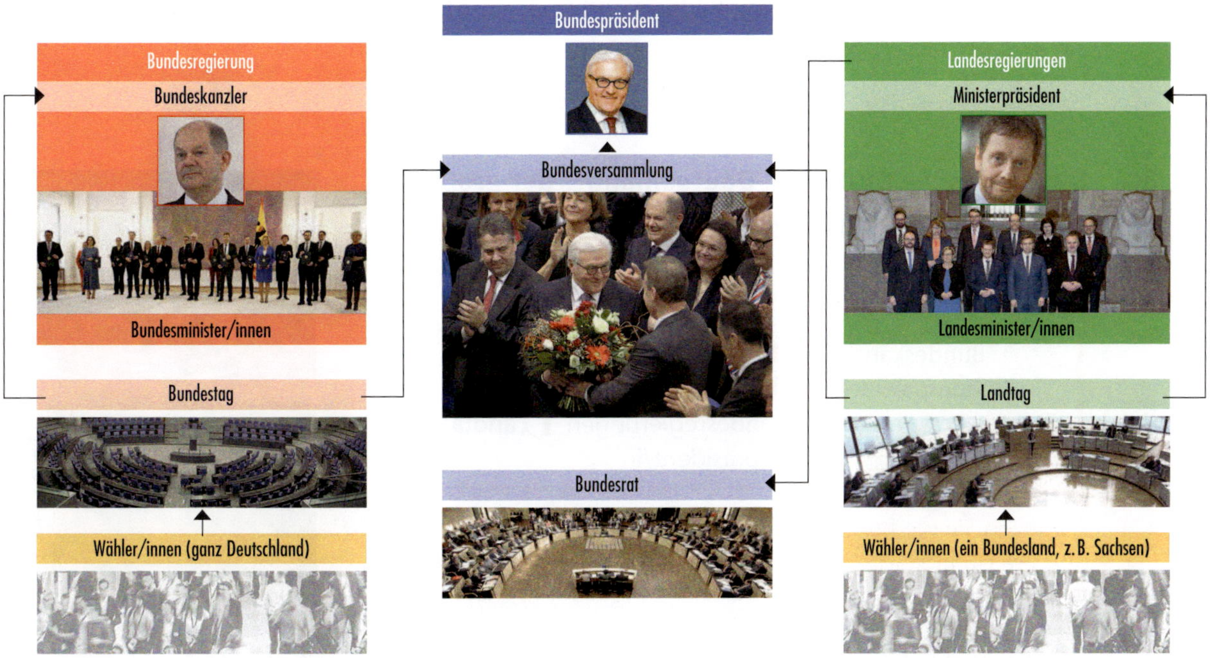

a ____________
Das sind der Bundeskanzler / die Bundeskanzlerin und seine/ihre Minister/innen. Er/Sie schlägt neue Gesetze für ganz Deutschland vor. Diese Gesetze werden im Bundestag und im Bundesrat diskutiert und beschlossen.

b ____________
Im Parlament treffen sich die Abgeordneten aus ganz Deutschland und diskutieren über die Politik der Bundesregierung. Sie werden von allen Deutschen gewählt.

c ____________
Hier treffen sich die Abgeordneten eines Bundeslandes und diskutieren über die Politik der Landesregierung. Die Abgeordneten werden von den Deutschen in diesem Bundesland gewählt.

d ____________
Diese Person ist Chef/in der Bundesregierung. Sie wird nicht vom Volk gewählt, sondern vom Bundestag.

e ____________
Das sind der Ministerpräsident / die Ministerpräsidentin und seine/ihre Minister/innen. Sie schlägt neue Gesetze für ihr Bundesland vor. Diese Gesetze werden im Landtag diskutiert und beschlossen.

f *Bundesversammlung*
Sie besteht aus den Abgeordneten des Bundestags, aus Vertretern der Bundesländer und aus bekannten Persönlichkeiten Deutschlands, z. B. aus Sportlern und Schauspielern. Es gibt sie nur einmal in fünf Jahren. Ihre Aufgabe: Sie wählt den Bundespräsidenten / die Bundespräsidentin.

g ____________
Das ist unser Staatsoberhaupt – der höchste Vertreter oder die höchste Vertreterin Deutschlands. Die Person regiert aber nicht: Sie repräsentiert alle Menschen und alle Parteien Deutschlands. Sie wird von der Bundesversammlung gewählt.

h ____________
Diese Person ist Chef einer Landesregierung. Sie wird nicht vom Volk dieses Landes gewählt, sondern vom Landtag.

i ____________
Hier sitzen Vertreter/innen der Regierungen der 16 Bundesländer. Hier können sie den Bundestag kontrollieren und zu wichtigen Gesetzen „nein" sagen. Wenn das die meisten Ministerpräsidenten tun, dann gibt es das Gesetz nicht.

6 Wie ist das in Ihrem Heimatland? Welche Aufgaben hat der Staat? Vergleichen Sie und sprechen Sie darüber im Kurs.

7 Kennen Sie die wichtigsten Politiker in Deutschland? Schauen Sie im Internet nach und schreiben Sie die Namen.

Wie heißt

- der/die Bundeskanzler/in? ______________
- der/die Bundespräsident/in? ______________
- der/die Außenminister/in? ______________
- der/die Bundesminister/in für Finanzen? ______________
- der/die Bundesminister/in für Bildung und Forschung? ______________

8 Das politische System in Deutschland – der große Test

a Ergänzen Sie die Begriffe.

Bundeskanzler/in | Bundesminister/innen | Bundespräsident/in | Bundesrat | ~~Bundestag~~ | Bundesversammlung | Landesregierungen | Landtag | Ministerpräsident/in

a Die Wählerinnen und Wähler in Deutschland wählen den *Bundestag* ______________.
b Der Bundestag wählt den / die ______________.
c Der / die Bundeskanzler/in wählt die ______________ aus.

d Die Wählerinnen und Wähler in einem Bundesland wählen den ______________.
In manchen Bundesländern gibt es dafür andere Namen, z. B. in Hamburg und Bremen: *die Bürgerschaft.*
e Die Parlamente in den Bundesländern wählen die Chefs der ______________.
In den meisten Bundesländern heißen sie ______________.
f Die Regierungen der Bundesländer haben auch Einfluss auf die Politik in ganz Deutschland.
Sie treffen sich im ______________.

g Das Staatsoberhaupt in Deutschland ist der / die ______________. Der Bundestag und der Bundesrat schicken Vertreterinnen und Vertreter in die ______________.
Dort wird dann der / die höchste Vertreter/in Deutschlands für fünf Jahre gewählt.

b Zu zweit: Schreiben Sie drei Fragen wie im Beispiel. Stellen Sie Ihre Fragen einem anderen Paar.

Was ist die Aufgabe der Bundesversammlung?
Wer wählt den / die Bundeskanzler/in?

1 Politische Parteien. Lesen Sie die Texte und machen Sie eine Tabelle.

Parteien über sich

Menschen haben unterschiedliche Vorstellungen davon, wie sie leben wollen und wie man ein Land am besten regiert. Es gibt politische Gruppen, die bestimmte Meinungen vertreten. Hier stellen sich wichtige politische Parteien in Deutschland kurz vor.

Sozialdemokratische Partei Deutschlands (SPD)

Unsere Partei ist die älteste Partei in Deutschland. Sie wurde 1863 in Leipzig gegründet. Unser Ziel ist, dass jeder junge Mann und jede junge Frau eine Ausbildung oder eine Arbeit bekommt und dass genug Geld da ist für Schulen und Kindergärten. Uns ist es auch noch wichtig, dass es den Familien gut geht. Beruf und Familie sollten keine Gegensätze sein.

Bündnis 90 / Die Grünen

An unserem Namen sieht man schon, dass in unserem Programm der Schutz der Natur und der Umwelt sehr wichtig ist. Weiter ist es uns wichtig, dass die Menschen aus unterschiedlichen Kulturen friedlich miteinander und nebeneinander leben können. Egal, woher sie kommen, welche Hautfarbe sie haben oder welchen Glauben sie haben. Wir sind eine junge Partei, uns gibt es erst seit 1980. „Die Grünen" waren früher eine westdeutsche Partei. Nach der Wiedervereinigung kam 1993 das „Bündnis 90" aus den neuen Bundesländern dazu.

Christlich-Demokratische Union Deutschlands / Christlich-Soziale Union (CDU/CSU)

Das Programm unserer Parteien hat einen Grundgedanken: den christlichen Glauben. Wir engagieren uns zum Beispiel für gute Ausbildung und für soziale Marktwirtschaft. Uns ist es auch wichtig, dass keine neuen Schulden gemacht werden und dass es den Unternehmen gut geht, damit die Menschen wieder Arbeit bekommen.

Unsere Parteien wurden 1945 gegründet. Die CDU ist in allen Bundesländern vertreten, nur in Bayern nicht. Dort gibt es unsere „Schwesterpartei", die Christlich-Soziale Union. Wir sind im Bundestag eine Fraktion. Das heißt, wir arbeiten im Bundestag wie eine Partei zusammen.

Freie Demokratische Partei (FDP)

Wir sind eine liberale und tolerante Partei. Liberal bedeutet, frei zu denken und keine Vorurteile gegenüber anderen zu haben. Tolerant heißt, dass jeder so leben kann, wie er will, wenn er niemandem schadet. Der Staat soll sich nicht zu sehr in das Leben der Menschen einmischen. Wir sind also für weniger Staat und mehr Freiheit für die Menschen. Die wichtigsten Themen für uns sind mehr Arbeitsplätze und die Bildung. Uns gibt es seit 1948. Unsere Farben sind Gelb und Blau.

Die Linke.

Unsere Partei gibt es erst ganz kurz, eigentlich erst seit 2007. Sie entstand aus der ostdeutschen PDS und der westdeutschen „Wahlalternative für Arbeit und Soziale Gerechtigkeit". Unsere Partei unterscheidet sich von den anderen hauptsächlich durch die Idee des Sozialismus. Sozialismus bedeutet, dass alle Menschen auf der Welt in Frieden leben können und dass es keine Armut gibt. Alle Menschen sollen die gleichen Chancen auf Bildung, Arbeit und medizinische Versorgung haben. Das nennt man Chancengleichheit.

Alternative für Deutschland (AfD).

Unsere Partei wurde erst im Jahr 2013 als Reaktion auf die Euro-Rettungspolitik Deutschlands gegründet. Wir engagieren uns für ein unabhängiges Deutschland und wollen unsere Nation stärken. Wir sind für mehr nationale Verantwortung und kritisieren die Europäische Union. Wir halten es für wichtig, die Polizei und die Justiz zu stärken, damit Verbrechen besser bekämpft werden können. Und wir wollen die deutschen Grenzen wieder besser schützen.

⚠ Ist die AfD gegen die Verfassung? Der Verfassungsschutz vermutet das. Er beobachtet und analysiert die AfD.

	SPD	CDU/CSU	Bündnis 90 / Die Grünen	FDP	Die Linke.	AfD
gegründet	*1863*					
wichtige Themen	*Ausbildung, Arbeit*					

2 Projekt: Über welche Themen diskutieren die Parteien aktuell?

Informieren Sie sich in den Tageszeitungen und suchen Sie sich ein Thema aus. Vergleichen Sie in verschiedenen Zeitungen, wie das Thema dargestellt wird. Sprechen Sie darüber im Kurs.

3 Welche Parteien gibt es in Ihrem Heimatland?

Welche Programme vertreten diese Parteien? Verbindet man die Parteien mit einer bestimmten Farbe? Machen Sie ein Plakat und präsentieren Sie es im Kurs.

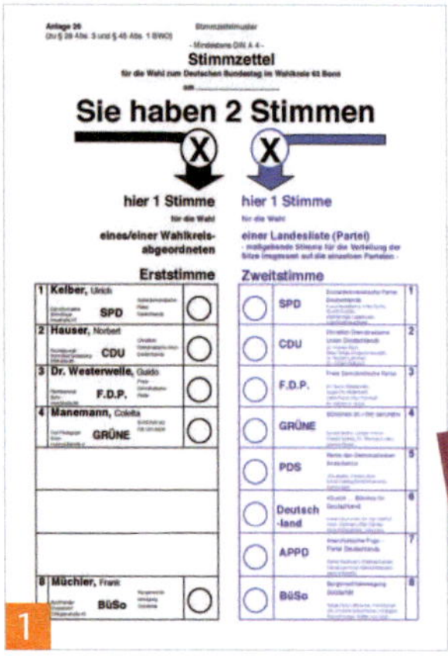

1

2

3

4

5

4 Bundestagswahl. Was bedeuten die Bilder? Ordnen Sie zu.

- a Die Bundestagswahl gibt es normalerweise alle vier Jahre. ☐
- b Alle Deutschen über 18 Jahre dürfen wählen. ☐ 2
- c Ein Wahllokal ist ein Raum, in dem die Leute wählen. Zum Beispiel im Rathaus oder in einer Schule. ☐
- d Auf dem Stimmzettel darf jeder zwei Kreuze machen: für einen Politiker und für eine Partei. ☐
- e Wenn mehrere Parteien zusammen eine Regierung bilden, spricht man von einer Koalition. Die anderen Parteien bilden die Opposition. ☐

5 Aus dem Wahlstudio

2

a Hören Sie die Ergebnisse der Bundestagswahl 2021. Ergänzen Sie die Parteien und die Prozentzahlen.

SPD: 25,7 %

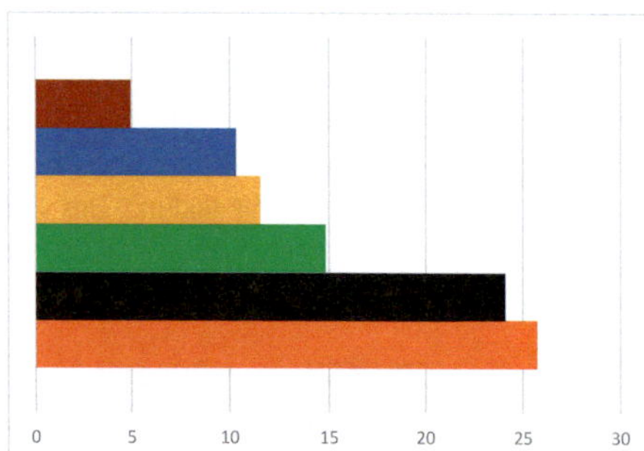

b Welche Parteien bilden diese Regierung?

Die wichtigsten politischen Parteien in Deutschland verbindet man mit einer Farbe. Man spricht dann zum Beispiel von den „Gelben", den „Grünen", den „Roten" oder den „Schwarzen".

a  CDU/CSU + SPD

c  ______

e  ______

b  ______

d  ______

1 Wissenswertes über Ihr Bundesland

a Was wissen Sie über Ihr Bundesland? Kreuzen Sie an und ergänzen Sie.

1 Wie nennt man die Chefin / den Chef der Regierung in Ihrem Bundesland?

- [ ] Ministerpräsident/in
- [ ] Regierende/r Bürgermeister/in
- [ ] Präsident/in des Senats, Erste/r Bürgermeister/in

2 Wie heißt er / sie?

____

3 Zu welcher Partei gehört er / sie?

____

4 Welche Parteien bilden in Ihrem Bundesland die Regierung?

- [ ] gelb + grün + rot
- [ ] rot + rot
- [ ] grün + rot
- [ ] rot + rot + schwarz
- [ ] grün + rot + rot
- [ ] rot + schwarz
- [ ] grün + rot + schwarz
- [ ] schwarz
- [ ] grün + schwarz
- [ ] ________________

5 Welche Parteien sind im Parlament Ihres Bundeslandes vertreten?

____

6 Wann ist die nächste Landtagswahl in Ihrem Bundesland?

____

b Vergleichen Sie im Kurs. Konnten Sie alle Fragen beantworten? Schauen Sie im Internet nach und vergleichen Sie.

Ich habe im Internet nachgeschaut: Im Landesparlament gibt es vier Parteien: ...

Hamburger Rathaus

Bayerische Staatskanzlei

Staatskanzlei von Mecklenburg-Vorpommern

Staatskanzlei des Saarlandes

Thüringer Staatskanzlei

Rathaus Bremen

1 Gewaltenteilung / Freiheitlich demokratische Grundordnung

1 Sehen Sie sich die Bilder an und lesen Sie Artikel 20 des Grundgesetzes. Was machen die Menschen? Was sind ihre Aufgaben? Was meinen Sie?

Art. 20

(1) Die Bundesrepublik Deutschland ist ein demokratischer und sozialer Bundesstaat.

(2) Alle Staatsgewalt geht vom Volke aus. Sie wird vom Volke in Wahlen und Abstimmungen und durch besondere Organe der Gesetzgebung, der vollziehenden Gewalt und der Rechtsprechung ausgeübt.

(3) Die Gesetzgebung ist an die verfassungsmäßige Ordnung, die vollziehende Gewalt und die Rechtsprechung sind an Gesetz und Recht gebunden.

(4) Gegen jeden, der es unternimmt, diese Ordnung zu beseitigen, haben alle Deutschen das Recht zum Widerstand, wenn andere Abhilfe nicht möglich ist.

2 Radio für Kinder und Jugendliche. Hören Sie einen Ausschnitt aus der Sendung.

3 **a** Ordnen Sie zu.

Rechtsstaat	ist eine Sammlung von Regeln, die die Bürger/innen und der Staat einhalten müssen.
Gewaltenteilung	ist ein Staat, der sich selbst an Gesetze halten muss und seine Macht nicht missbrauchen darf.
Verfassung	heißt, dass die Macht des Staates geteilt und kontrolliert wird.

b „Was passiert, wenn sich ein Staat nicht an diese Regeln und Gesetze hält?“
Wie kann die Antwort auf die Frage von Mark heißen? Was meinen Sie?

4 **c** Hören Sie weiter und überprüfen Sie Ihre Antwort.

3 Gewaltenteilung

Lesen Sie die Texte. Ergänzen Sie das Schema.

Die Macht des Staates verteilt man auf drei „Säulen". Diese Säulen sind voneinander unabhängig. Das nennt man „Gewaltenteilung".

Legislative

Wie entsteht ein Gesetz? Die Bundesregierung schlägt Gesetze vor. Im Bundestag diskutieren die Politiker aller Parteien darüber. Dann entscheidet der Bundestag, ob dieser Vorschlag zum Gesetz wird oder nicht. Bei wichtigen Gesetzen entscheidet der Bundesrat mit. Am Ende unterschreibt der Bundespräsident das Gesetz. In den Bundesländern ist das genauso: Dort entscheiden die Politiker im Landtag.
Das Ganze nennt man die „gesetzgebende Gewalt", die „Legislative".

Exekutive

Gesetze muss man beachten und ausführen. Damit das auch passiert, gibt es die „ausführende Gewalt", die „Exekutive". Dazu gehören die Bundesregierung und die Regierungen in den Ländern, aber auch die Bürgermeister, die Stadtverwaltungen und die Polizei. Die Exekutive sorgt dafür, dass die Gesetze nicht nur auf dem Papier stehen und dass sich alle an die Gesetze halten.

Judikative

Wenn jemand gegen ein Gesetz handelt, wird er bestraft. Dafür gibt es die „rechtsprechende Gewalt", die Gerichte. Wenn die Politiker im Bundestag oder im Landtag ein Gesetz machen und dieses Gesetz gegen die Verfassung verstößt, kann man dieses Gesetz verbieten. Die Richter sind unabhängig: Niemand (auch die Regierung nicht) kann sie zu einem Urteil zwingen, das sie nicht richtig finden.
An der Spitze der „Judikative" steht das Bundesverfassungsgericht, das über die Einhaltung des Grundgesetzes wacht. Der Sitz des Bundesverfassungsgerichts ist in Karlsruhe.

Staat

(Gewaltenteilung)

Politische Einflussnahme

1 Was bedeutet Demokratie? Was meinen Sie? Kreuzen Sie an.

a Alle Bürger im Staat haben die gleichen Rechte und Pflichten. ☒
b Es gibt einen König, der bestimmt, was der Staat macht. ☐
c Alle Bürger dürfen frei ihre Meinung sagen, sich informieren und sich versammeln. ☐
d Es gibt verschiedene politische Parteien, die man wählen kann. ☐
e Die Partei, die die meisten Stimmen bekommen hat, darf regieren. ☐
f Personen und Parteien, die gewählt wurden, regieren so lange, wie sie wollen. ☐
g Die Bürger dürfen bei der Wahl nur die Regierungspartei wählen. ☐

2 Wie äußert sich Demokratie in Ihrem Leben? Diskutieren Sie im Kurs.

3 Demokratie in der Praxis

a Lesen Sie die Überschriften. Worum geht es wohl in den Artikeln?

Bürger und Bürgerinnen sollen über ein Einkaufszentrum entscheiden

Mieter streiten um Garten im Hof

b Lesen Sie die Texte. Schreiben Sie die Überschriften aus a darüber.

1 ______________________

Charlottenburg. An der Ecke Reichsstraße / Spandauer Damm soll ein neues Einkaufszentrum entstehen. Die SPD möchte die Haltung der Anwohner kennenlernen, bevor die Baugenehmigung erteilt wird. Aus diesem Grund lädt sie am 20. Oktober um 20 Uhr zu einer Diskussion ein in Sam Kullman's Dinner, Theodor-Heuss-Platz 5. Hier werden die Pläne des Investors erläutert.

2 ______________________

CHARLOTTENBURG. Auf der letzten Sitzung der Bezirksverordnetenversammlung haben die Grünen den Antrag gestellt, dass der Garten in der Gardes-du-Corps-Straße 12–14 erhalten wird. Das Bezirksamt soll sich bei dem Hausbesitzer dafür einsetzen. Der Garten hat mehrere Ecken mit Sitzbänken, einen Spielplatz und einen kleinen Teich. Aber nicht allen Mietern gefällt ein solcher Garten im Hinterhof. So entstand ein Streit unter den Mietern. Einige Mieter haben die Vertreter der Grünen um Unterstützung gebeten. Die meisten Mieter glauben, dass die Pflege des Gartens zu teuer ist und sie deshalb bald mehr Miete bezahlen müssen. Die CDU unterstützt den Antrag der Grünen. SPD und FDP wollen erst die Mieter fragen und die Meinung des Hausbesitzers hören. Eine Entscheidung soll auf der nächsten Sitzung getroffen werden.

c Kennen Sie einen ähnlichen Fall in Ihrem Ort, wo die Bürger und Bürgerinnen für eine politische Entscheidung gekämpft haben? Berichten Sie im Kurs.

4 Was können Sie machen? Lesen Sie und ordnen Sie zu.

a In Ihrer Stadt soll die Autobahn ausgebaut werden. Dafür muss ein Teil eines schönen Parks zerstört werden. Sie sind dagegen. [4]

b Ihr Kind geht in die fünfte Klasse und hat dreimal in der Woche Nachmittagsunterricht bis vier Uhr. Dafür geht der Unterricht an zwei Tagen nur bis elf Uhr. Sie finden, dass der Stundenplan nicht optimal ist. [ ]

c Sie sind Hausfrau und wollen Ihre Deutschkenntnisse verbessern. Dann möchten Sie den Hauptschulabschluss nachholen. [ ]

d In Ihrem Viertel gibt es ein Schwimmbad. Sie gehen oft mit Ihren Kindern dorthin. Im nächsten Jahr will man das Schwimmbad schließen, weil die Kosten zu hoch sind. Sie sind dagegen. [ ]

1 Sie nehmen am Bürgerbegehren „Erhaltet das Schwimmbad" teil und unterschreiben eine Protest-Liste.
2 Sie wenden sich an den Elternbeirat in der Schule.
3 Sie wenden sich zum Beispiel an den „Verein für Arbeit – Bildung – Wohnen".
4 Sie engagieren sich in der Bürgerinitiative „Für die Natur – gegen die Autobahn".

5 Projekt: Ich möchte etwas tun, ich möchte mich engagieren.

Welches Thema interessiert Sie? Welches Hobby haben Sie? Wollen Sie Menschen kennenlernen, die die gleichen Interessen haben? Suchen Sie Informationen im Internet oder im Telefonbuch über Vereine, Verbände oder Bürgerinitiativen: Namen und Adressen, die Hauptaufgaben, Projekte, Mitglieder usw. Bringen Sie die Unterlagen in den Kurs und berichten Sie.

6 Integrationsbeirat: Lesen Sie die Aufgaben der Integrationsbeiräte. Kreuzen Sie an.

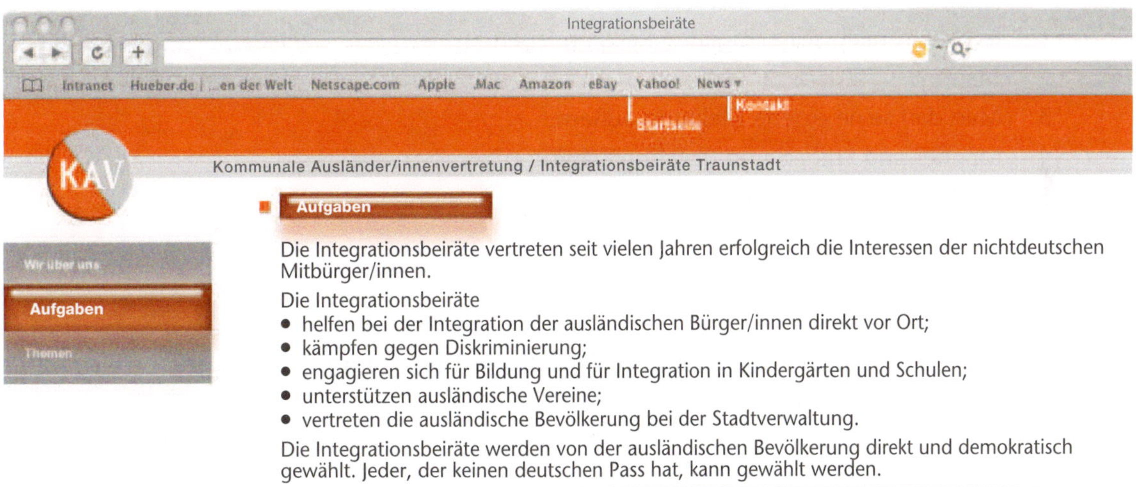

		richtig	falsch
a	Die Integrationsbeiräte sind für Ausländer da.	[X]	[ ]
b	Sie setzen sich dafür ein, dass man die Ausländer wie die Deutschen behandelt.	[ ]	[ ]
c	Sie beraten die Stadtverwaltung.	[ ]	[ ]
d	Sie helfen, wenn deutsche Kinder Probleme in der Schule haben.	[ ]	[ ]
e	Die Integrationsbeiräte werden von Deutschen und Ausländern gewählt.	[ ]	[ ]

7 Projekt: Wo können Sie sich politisch weiterbilden?

Informieren Sie sich im Internet und besprechen Sie Ihre Ergebnisse im Kurs.

1 Rechtsstaat Deutschland, Bürgerrechte, Bürgerpflichten

1 Welche Rechte und Pflichten gibt es in Deutschland? Kreuzen Sie an.

Rechte und Verbote

a Man darf seine eigene Meinung sagen. [X]
b Man hat das Recht auf ein eigenes Auto. [ ]
c Niemand darf Menschen foltern. [ ]
d Niemand darf die Würde eines Menschen verletzen. [ ]
e Man darf die eigene Religion ausüben. [ ]
f Man darf die eigenen Kinder schlagen. [ ]
g Frauen und Männer sind gleichberechtigt. [ ]

Pflichten

Man muss Steuern bezahlen. [X]
Man muss jede Woche den Rasen mähen. [ ]
Man muss die Gesetze respektieren. [ ]
Man muss akzeptieren, dass andere ihre Meinung frei äußern dürfen. [ ]
Man muss ab 22 Uhr zu Hause bleiben. [ ]
Man muss sich gegen Krankheit versichern. [ ]
Kinder müssen zur Schule gehen. [ ]

2 Rechte und Pflichten des Bürgers

Was ist hier gemeint? Ordnen Sie zu. Schreiben Sie die Begriffe zu den Sätzen.

Recht auf freie Meinungsäußerung | Ausweispflicht | ~~Religionsfreiheit~~ | Steuerpflicht | Schulpflicht | Gleichberechtigung

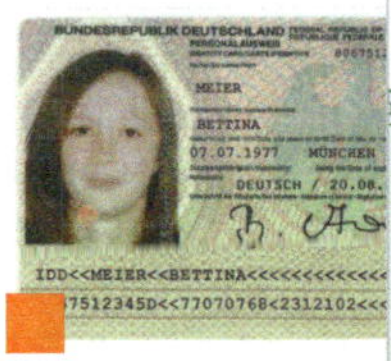

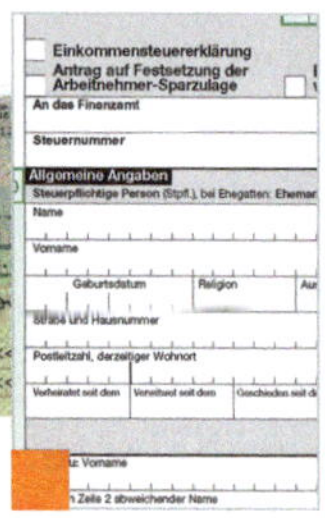

1 Jeder darf nach seiner eigenen Religion leben. Religionsfreiheit
2 Man muss Steuern zahlen. ____________
3 Man darf seine eigene Meinung äußern. ____________
4 Männer und Frauen sind gleichberechtigt. ____________
5 Kinder müssen zur Schule gehen. ____________
6 Man muss immer einen Ausweis dabeihaben. ____________

3 Welche Rechte und Pflichten gibt es auch in Ihrem Land? Welche gibt es nicht? Sprechen Sie darüber im Kurs.

4 Lesen Sie die Zeitungsmeldung.

7 Jahre Haft für Terroristen

München, 13. Januar – Der Terrorverdächtige Lokman Mohammed wurde gestern vom Oberlandesgericht München zu sieben Jahren Haft verurteilt. Der Prozess hatte sieben Monate gedauert.

Lokman war vor Jahren nach Deutschland gekommen und war einer der wichtigsten Männer der Terrorgruppe Ansar al-Islam, sammelte Geld für die Gruppe und unterstützte junge Selbstmordattentäter.

Der Prozess lief anders, als Lokman es erwartet hatte. Seine Anwälte besuchten ihn jede Woche im Gefängnis, seine Freunde nie. Im Prozess wurde er respektvoll behandelt: Der Richter machte Pausen, damit Lokman seine Gebete sprechen konnte. Im Ramadan, als Lokman ziemlich schwach war, fragte man ihn, wie es ihm gehe. Einmal sagte der Bundesanwalt: „Ich gehe davon aus, Sie lieben Ihr Land genauso wie ich meins." Lokman hat im Prozess den Rechtsstaat kennengelernt und seine Werte: klare Regeln, Korrektheit, Fairness.

Heute sieht er vieles anders, ist gegen den Terrorismus und für Toleranz: „Ich bin gegen Selbstmordattentate. Ich bin gegen jeden, der diese Attentate begeht."

a Welche Aussagen über Lokman Mohammed und seinen Prozess sind richtig? Kreuzen Sie an.

- a Er war sieben Monate in Deutschland. ☐
- b Er unterstützte in Deutschland eine Terrorgruppe. ☒
- c Im Gefängnis bekam er viel Besuch von seinen Freunden. ☐
- d Im Prozess durfte er beten. Es gab extra Pausen dafür. ☐
- e Im Rechtsstaat gibt es klare Regeln. Alle müssen sich an diese Regeln halten. ☐
- f Lokman hat in seinem Prozess gesehen, dass der Rechtsstaat klare Regeln hat und dass ihn die Richter korrekt und fair behandeln. ☐

b Was bedeutet „Rechtsstaat" hier? Sprechen Sie darüber im Kurs.

5 Rechtsprechung in der Bundesrepublik Deutschland

a Welche Rechte sind gemeint? Ordnen Sie zu.

[5] Strafrecht ☐ Arbeitsrecht ☐ Verkehrsrecht ☐ Mietrecht ☐ Steuerrecht ☐ Familienrecht

1 Kacem arbeitet seit drei Monaten für einen deutschen Freund, der eine eigene Firma hat. Die beiden sind Freunde. Deshalb glaubt Kacem, dass der Freund ihn bezahlt. Es gibt keinen Arbeitsvertrag. Aber bis jetzt hat Kacem noch kein Geld bekommen. Sein Freund sagt immer nur, dass er sein Geld schon noch bekommt. Kacem möchte wissen, was er tun kann.

2 In der Stadt ist ein kleiner Verkehrsunfall passiert. Ein BMW ist mit einem Golf zusammengestoßen. Es ist nicht viel passiert, nur die Stoßstange des Golf hat eine Delle. Der Fahrer des BMW sagt, dass er Schuld hat und den Schaden bezahlt. Die beiden Fahrer rufen nicht die Polizei, sondern tauschen nur ihre Adressen aus. Als der Fahrer des Golf das Geld für die Reparatur möchte, sagt der BMW-Fahrer plötzlich, dass er keine Schuld am Unfall hat und den Schaden nicht bezahlt.

3 Frau Esser vermietet ihre Wohnung in einem Mehrfamilienhaus an eine irakische Familie. Im Mietvertrag steht, dass die Hausverwaltung keine Satellitenschüsseln erlaubt. Die Familie montiert eine Satellitenschüssel auf dem Balkon. Sie bekommt einen Brief von der Hausverwaltung: Sie soll die Satellitenschüssel entfernen, weil sie die anderen Hauseigentümer stört.

4 Auf Kuba hatte Bernd die Kubanerin Carmen kennengelernt und in Havanna geheiratet. Nach einem gemeinsamen Jahr in Deutschland kommt es zu einem Konflikt zwischen den beiden: Bernd will, dass Carmen schnell Deutsch lernt und arbeiten geht. Carmen fühlt sich in Deutschland einsam und unverstanden. Sie will sich scheiden lassen und zurück nach Kuba.

5 Georg ist seit einem halben Jahr mit Rebecca befreundet. Neulich hat Georg seinen Freund Mike mitgebracht. Auch Mike hat Interesse an Rebecca. Bei einem Streit um Rebecca zieht Georg plötzlich seine Pistole aus der Jackentasche.

6 Maja arbeitet in Deutschland und bezahlt hier ihre Steuern. Sie hat 6000 Euro an ihre Mutter in Belgrad geschickt, denn die bekommt kaum Rente. Maja möchte nun Geld zurückbekommen, doch sie bekommt vom Finanzamt nur 30 Euro.

b Welche Gerichte sind zuständig? Ordnen Sie zu.

1 Probleme mit Steuern oder Abgaben	Arbeitsgericht
2 Probleme mit Ämtern	Amtsgericht
3 Strafsachen, Ehe- und Familienprobleme	Sozialgericht
4 Probleme mit dem Arbeitgeber	Verwaltungsgericht
5 Streit mit einer Sozialbehörde	Finanzgericht

6 Strafprozess

a Kennen Sie die wichtigsten Begriffe? Ordnen Sie zu.

Richter/innen

Justitia

Gerichtsverhandlung

1 Richter	a Privatperson, die vom Gericht berufen wird und als ehrenamtlicher Richter auftritt. Sie beschließt am Prozessende zusammen mit dem Richter das Urteil. (Man kann sich für diese „Tätigkeit" bewerben: Man muss deutscher Staatsbürger sein, darf keine Vorstrafen haben und man muss mindestens 24 Jahre alt sein.)
2 Rechtsanwalt	b vertritt die Seite der Anklage
3 Staatsanwalt	c eine Person, die zu einer Straftat etwas aussagen kann, z. B. weil sie die Straftat beobachtet hat
4 Angeklagter	d Verhandlung vor Gericht, die genauen rechtlichen Regeln folgt (Befragung des Angeklagten und von Zeugen durch Staatsanwalt und Rechtsanwalt; am Ende gibt es ein Urteil)
5 Prozess	e Verkündung der Strafe, wenn der Angeklagte schuldig ist, bzw. des Freispruchs, wenn er unschuldig ist
6 Schöffe	f „neutrale" Person; stellt am Ende des Verfahrens fest, ob der Angeklagte schuldig ist, und setzt das Strafmaß fest oder spricht ihn frei, wenn er unschuldig ist oder eine Schuld nicht nachgewiesen werden kann
7 Zeuge	g der Täter, der einer (Straf)tat beschuldigt wird
8 Urteil	h vertritt den Angeklagten

b Gibt es die Begriffe in der linken Spalte auch in Ihrem Heimatland?
Trifft die Beschreibung in der rechten Spalte auch zu? Wo gibt es Unterschiede?

Bei uns ist es eigentlich sehr ähnlich. Aber ...

Bei uns ist der Richter nicht immer neutral. Ich gebe ein Beispiel ...

7 Projekt: Wo können Sie sich helfen lassen?

Suchen Sie im Telefonbuch oder im Internet Beratungsstellen für rechtliche Probleme im Alltag. Sie finden Sie unter Begriffen wie:

Rechtshilfe | Arbeitslosentreff | Familienberatung | Automobilclub | Mieterverein | Lohnsteuerhilfeverein | Verbraucherzentrale | Jugendamt | ...

Notieren Sie Öffnungszeiten, Adressen und Telefonnummern. Bei welchen Problemen können diese Beratungsstellen helfen? Tauschen Sie dann Ihre Informationen im Kurs aus und hängen Sie die Informationen im Kursraum auf.

8 Grund- und Bürgerrechte

a Kennen Sie die wichtigsten Grund- und Bürgerrechte? Ordnen Sie zu.

1 Achtung der Menschenwürde
2 Grundrechtsbindung der staatlichen Gewalt
3 Recht auf Leben und körperliche Unversehrtheit
4 Gleichheit vor dem Gesetz
5 Gleichberechtigung von Mann und Frau
6 Diskriminierungsverbot
7 Glaubens-, Gewissens- und Bekenntnisfreiheit
8 Recht auf freie Meinungsäußerung
9 Schutz von Ehe und Familie
10 Versammlungsfreiheit
11 Freizügigkeit im Bundesgebiet
12 Freie Berufswahl
13 Petitionsrecht
14 Zugang zu öffentlichen Ämtern
15 Wahlrecht
16 Asylrecht

a ☐ Jeder hat ein Recht auf Leben; Folter ist verboten.

b ☐ Männer und Frauen sind vor dem Gesetz gleich.

c ☐ Niemand darf wegen seiner Herkunft oder wegen seines Aussehens schlechter behandelt werden.

d ☐ Der Schutz des Menschen ist oberstes Prinzip der Verfassung.

e ☐ Jeder darf seine Meinung frei äußern.

f ☐ Der Staat schützt Ehe und Familie in besonderem Maße.

g [2] Jeder muss sich an die Grundrechte halten, auch der Staat.

h ☐ Man darf seinen Wohn- und Arbeitsort frei wählen.

i ☐ Jeder Mensch ist vor dem Gesetz gleich.

j ☐ Jeder darf seine Religion frei praktizieren.

k ☐ Man darf Bitten und Beschwerden direkt an das Parlament richten.

l ☐ Alle Deutschen ab 18 dürfen wählen, z. B. den Bundestag.

m ☐ Deutsche dürfen unter bestimmten Voraussetzungen in öffentlichen Ämtern tätig sein, z. B. als Abgeordneter oder Richter.

n ☐ Man darf sich in der Öffentlichkeit (gewaltlos) versammeln.

o ☐ Jeder Ausländer kann in Deutschland Asyl beantragen.

p ☐ Man darf seinen Beruf frei wählen. Man darf nicht zu einer bestimmten Arbeit gezwungen werden.

b Zu zweit: Wählen Sie eines der Grund- und Bürgerrechte aus 8a.
Überlegen Sie dazu ein Beispiel aus der Praxis und machen Sie sich Notizen.

Petitionsrecht
■ *Man darf Bitten und Beschwerden direkt an das Parlament richten. Meine Nachbarin ist Krankenschwester. Sie arbeitet in einem Krankenhaus. Dort gibt es viel zu wenig Personal. Sie hat gehört, dass es eine Petition gibt. Die Menschen möchten mehr Pflegepersonal für die Patienten. Meine Nachbarin hat die Petition auch unterschrieben.*

c Präsentieren Sie Ihr Beispiel im Kurs.

1 Verwaltungsstruktur in Deutschland

1 **Lesen Sie den Text und ergänzen Sie die markierten Begriffe in der Grafik.**

Der **Bund** bildet die höchste politische Verwaltungsebene, danach kommt die der **Bundesländer** und **Stadtstaaten**. Sie haben eigene Parlamente und Regierungen und regeln viele Verwaltungsaufgaben selbstständig. Die dritte Ebene bilden **Städte** und **Gemeinden**. Sie haben eine eigene Verwaltung, den Vorsitz haben Bürgermeister, die meist direkt gewählt werden.

2 **Wer übernimmt welche Aufgaben? Was vermuten Sie? Kreuzen Sie an.**

	Bund	Bundesländer/Stadtstaaten	Städte und Gemeinden
Sozialarbeit			
Polizei			
Bildung			
Außenpolitik			
Öffentlicher Nahverkehr			
Wasserversorgung			
Bundeswehr			
Kultur			
Gesetzesbildung			

1 Deutschland ist ein Sozialstaat.

SOZIALSTAAT DEUTSCHLAND

staatliche Hilfen
- a Agentur für Arbeit
- b Familienkasse
- c Wohnungsamt
- d Sozialamt

nichtstaatliche Organisationen
- e AWO, Arbeiterwohlfahrt
- f Caritas, Verband der katholischen Kirche
- g Diakonie, Verband der evangelischen Kirche
- h DPGV, Der Paritätische Gesamtverband
- i DRK, Deutsches Rotes Kreuz
- j ZWST, Zentralwohlfahrtsstelle der Juden in Deutschland

Wer hilft Ihnen? Ordnen Sie zu. (Es gibt mehrere Möglichkeiten.)

1. Sie suchen eine Arbeitsstelle. / Sie möchten sich über das Arbeitslosengeld informieren. *a, e–j*
2. Sie sind schwanger. ______
3. Sie möchten eine Sozialwohnung oder Wohngeld beantragen. ______
4. Sie haben Schulden und suchen Rat und Hilfe. ______
5. Sie wollen das Kindergeld beantragen. ______
6. Sie leben erst seit einem Jahr in Deutschland. Sie suchen Hilfe bei der Orientierung an Ihrem neuen Wohnort. ______

2 Bei der Migrationsberatung für Erwachsene (MBE)

5 **Hören Sie das Gespräch. Welche Aussagen sind richtig? Kreuzen Sie an.**

a Man bekommt Kindergeld …
- 1 , wenn das Kind eineinhalb Jahre alt ist. ☐
- 2 ab der Geburt. ☒

b Man bekommt Elterngeld für Kinder …
- 1 , wenn man arbeitslos ist. ☐
- 2 bis zu 14 Monate. ☐

c Man bekommt Arbeitslosengeld II, …
- 1 wenn man arbeitslos wird. ☐
- 2 wenn man lange arbeitslos ist. ☐

d Man kann eine Sozialwohnung beantragen, …
- 1 wenn man arbeitslos ist oder wenig Geld hat. ☐
- 2 wenn man Kindergeld bekommt. ☐

3 Projekt: Wer kann helfen?

Suchen Sie sich eine Behörde in Aufgabe 1 aus und besuchen Sie diese im Internet. Notieren Sie die Adresse, Telefonnummer und Öffnungszeiten. Was brauchen Sie für Ihre Situation (Unterlagen, Antrag)? Bringen Sie die Unterlagen in den Kurs und präsentieren Sie alle Informationen, die Sie gesammelt haben.

4 Das Sozialversicherungssystem

a Welche Informationen finden Sie auf einem Gehaltszettel? Sammeln Sie im Kurs.

b Was bedeuten die Abkürzungen? Ordnen Sie zu.

1 Pflegeversicherung

2 Krankenversicherung

3 Arbeitslosenversicherung

4 Rentenversicherung

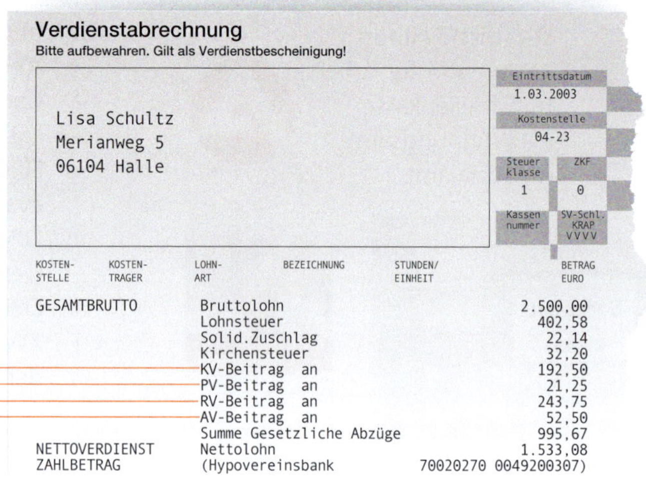

Verdienstabrechnung
Bitte aufbewahren. Gilt als Verdienstbescheinigung!

Lisa Schultz
Merianweg 5
06104 Halle

Eintrittsdatum	
1.03.2003	
Kostenstelle	
04-23	
Steuerklasse	ZKF
1	0
Kassennummer	SV-Schl. KRAP VVVV

KOSTENSTELLE	KOSTENTRAGER	LOHNART	BEZEICHNUNG	STUNDEN/EINHEIT	BETRAG EURO
GESAMTBRUTTO		Bruttolohn			2.500,00
		Lohnsteuer			402,58
		Solid.Zuschlag			22,14
		Kirchensteuer			32,20
		KV-Beitrag an			192,50
		PV-Beitrag an			21,25
		RV-Beitrag an			243,75
		AV-Beitrag an			52,50
		Summe Gesetzliche Abzüge			995,67
NETTOVERDIENST		Nettolohn			1.533,08
ZAHLBETRAG		(Hypovereinsbank			70020270 0049200307)

KV-Beitrag: [2] · PV-Beitrag: [ ] · RV-Beitrag: [ ] · AV-Beitrag: [ ]

5 Sozialabgaben

a Was wird vom Gehalt (Bruttoverdienst) abgezogen? Kreuzen Sie an.

☐ Rentenversicherung ☐ Nettoverdienst ☐ Arbeitslosenversicherung ☐ Lohnsteuer
☐ Kindergeld ☐ Krankenversicherung ☐ Pflegeversicherung ☐ Unfallversicherung

b Lesen Sie die Texte. Schreiben Sie den passenden Ausdruck aus a zu den Texten.

1 ______________________ Wenn man krank oder schwanger ist, übernimmt diese Versicherung die finanziellen Kosten. Es werden gesetzliche und private Versicherungen angeboten.

2 ______________________ Die Versicherung ist die wichtigste Unterstützung im Alter. Spätestens ab dem vollendeten 67. Lebensjahr zahlt diese Versicherung die Rente aus.

3 ______________________ Wenn man länger krank ist und ambulante oder stationäre Pflege braucht, deckt diese Versicherung die Kosten dafür.

4 ______________________________ Wenn man arbeitslos ist und eine Arbeit sucht, sichert diese Versicherung den Menschen ein Einkommen. Der Arbeitnehmer und der Arbeitgeber zahlen 1,4% vom Bruttoverdienst, insgesamt also 2,8%.

6 Altersvorsorge

a Was wissen Sie über die Altersvorsorge in Deutschland? Sprechen Sie im Kurs.

6 **b** Hören Sie das Gespräch. Welche Aussagen sind richtig?

a Da die gesetzliche Rente in der Zukunft nicht ausreichen wird, sollte man zusätzlich eine private oder betriebliche Altersvorsorge abschließen. ☐
b Das gesparte Geld bei der privaten Vorsorge wird immer nur monatlich ausgezahlt. ☐
c Die Riester-Rente ist eine private Vorsorge, die vom Staat gefördert wird. ☐
d Wenn man arbeitslos wird, greift das Sozialamt bei der Riester-Rente auf die Ersparnisse zu. ☐
e Wenn man wegen Krankheit nicht mehr arbeiten kann, bekommt man meist nur eine kleine Erwerbsminderungsrente. ☐

7 Arbeitslosigkeit

a Machen Sie ein Assoziogramm zum Thema „Arbeitslosigkeit".

b Wann kann Ihnen die *Agentur für Arbeit* helfen? Kreuzen Sie an.

a ☐ Sie suchen eine Arbeitsstelle.
b ☐ Sie möchten Wohngeld beantragen.
c ☐ Ihr Sohn sucht eine Ausbildungsstelle.
d ☐ Sie haben Fragen zum Arbeitslosengeld.
e ☐ Sie haben eine kleine Firma und suchen einen weiteren Mitarbeiter.
f ☐ Sie möchten eine Weiterbildung machen, um bessere Chancen auf dem Arbeitsmarkt zu haben.
g ☐ Ihr Kind soll eingeschult werden und Sie möchten sich über Grundschulen in Ihrer Stadt informieren.
h ☐ Sie haben Schwierigkeiten mit Ihrem Chef und möchten sich über Ihre Rechte informieren.
i ☐ Sie haben eine neue Arbeitsstelle gefunden und suchen nach Betreuungsmöglichkeiten für Ihr Kind.

c Suchen Sie Informationen aus dem Internet und ergänzen Sie.

1 Wie hoch ist die Arbeitslosigkeit in Deutschland zurzeit?

____

2 Wie ist die Arbeitslosigkeit in Ihrer Stadt / Gemeinde zurzeit?

____

1 Wie waren die Arbeitsbedingungen in Deutschland früher und wie sind sie heute?

Sehen Sie sich die beiden Bilder an und ordnen Sie sie den Aussagen zu.

- [1] Man muss zwölf Stunden am Tag arbeiten.
- [2] Man hat das Recht auf Urlaub, meistens 30 Arbeitstage im Jahr.
- [ ] Es gibt keinen Urlaub.
- [ ] Wenn man krank ist, bekommt man kein Geld vom Arbeitgeber.
- [ ] Es gibt keine Arbeitsschutzregeln: Der Arbeitsplatz ist oft nicht sicher, es passieren viele Unfälle.
- [ ] In der Woche arbeiten die Menschen meistens 38 Stunden.
- [ ] Wenn man krank ist, wird das Gehalt erst ganz, später zum Teil weitergezahlt.

2 Abmahnung: Gespräch beim Betriebsrat

a Lesen Sie die Lexikoneinträge.

Abmahnung Schreiben, in dem ein Arbeitgeber einem Arbeitnehmer mitteilt, dass er seine Pflichten verletzt hat. Im Wiederholungsfall bekommt der Arbeitnehmer die Kündigung.

1 Was ist richtig? Kreuzen Sie an.

a Ein Arbeitnehmer hat sich verletzt und muss ins Krankenhaus. [ ]

b Ein Arbeitnehmer hat etwas falsch gemacht. Der Chef sagt, dass er seine Arbeit verliert, wenn das noch mal passiert. [ ]

c Zwei Kollegen machen einen Termin. [ ]

Betriebsrat Der Betriebsrat vertritt die Arbeitnehmer in einem Betrieb. Er wird von den Arbeitnehmern gewählt. Zu seinen Aufgaben gehören u.a. Vorschläge im sozialen Bereich, z.B. die Kantine und die Sicherheit am Arbeitsplatz. Der Arbeitgeber muss den Betriebsrat bei Einstellungen oder Entlassungen informieren.

2 Was gehört zu den Aufgaben des Betriebsrats?

a Vertretung der Arbeitnehmer [ ]

b Kontrolle der Arbeitnehmer [ ]

c Vorschläge zu sozialen Einrichtungen [ ]

d Sicherung von Arbeitsplätzen [ ]

e Entscheidung über Löhne und Gehälter [ ]

f Einstellung und Entlassung von Arbeitnehmern [ ]

g Mitsprache bei Einstellungen und Entlassungen [ ]

h Planung der Geschäfte einer Firma [ ]

7 **b** Hören Sie das Gespräch. Kreuzen Sie an: richtig oder falsch?

Herr Patel …	richtig	falsch
1 hat Probleme mit seinem Chef.	☒	☐
2 kommt immer zu spät.	☐	☐
3 macht seine Arbeit nicht richtig.	☐	☐
4 glaubt, er bekommt eine Abmahnung, nur weil er Ausländer ist.	☐	☐
5 fragt nach dem Büro für Diskriminierungsfragen.	☐	☐
Frau Wehner …		
6 kann nichts für Herrn Patel tun.	☐	☐
7 wird sich die Abmahnung genau anschauen.	☐	☐
8 möchte das Problem mit dem Chef besprechen.	☐	☐

3 Projekt: Betriebsrat

Informieren Sie sich, ob es in Ihrer Firma einen Betriebsrat gibt. Wer sind seine Mitglieder? Welche Probleme musste der Betriebsrat in der letzten Zeit klären? Präsentieren Sie Ihre Ergebnisse im Kurs.

4 Arbeitgeberverbände und Gewerkschaften

Was passt zusammen? Ordnen Sie zu.

a Gewerkschaften
b Arbeitgeberverbände
c Tarifverträge
d Tarifverhandlungen

1 sind Verhandlungen zwischen Gewerkschaften und Arbeitgebern z.B. über die Löhne und Gehälter und über die Arbeitszeiten.
2 Hier steht z.B., wie viel die Arbeitnehmer verdienen und wie lange sie arbeiten.
3 vertreten die Arbeitnehmer. Ihre Ziele sind: Arbeit für alle Menschen, genügend Lohn und Gehalt, kürzere Arbeitszeiten, Mitbestimmung in den Betrieben.
4 vertreten die Unternehmen einer Branche, z.B. der Metall- oder der Bauindustrie.

5 Soziale Marktwirtschaft

a Lesen Sie den Text.

Die Wirtschaftsordnung in Deutschland ist die soziale Marktwirtschaft. Die soziale Marktwirtschaft wurde nach dem Zweiten Weltkrieg von dem Wirtschaftsprofessor Alfred Müller-Armack und von Ludwig Erhard, dem ersten deutschen Bundeswirtschaftsminister, entwickelt. Ihre Ideen gelten im Wesentlichen bis heute.

Der Staat soll die Wirtschaft nicht lenken. Die Firmen können frei entscheiden, wie sie handeln. Aber es darf auch keine sozialen Ungerechtigkeiten geben.

Der Staat achtet auf die Rechte der Arbeitnehmer. Es gibt z. B. Gesetze zum Kündigungsschutz. Diese Gesetze verbieten, dass ein Arbeitnehmer plötzlich entlassen wird. Es geht auch nicht, dass zu große Firmen entstehen, die dann die Preise diktieren, sodass kleine Firmen Pleite gehen. Der Staat sorgt auch dafür, dass die Gesundheit der Arbeitnehmer geschützt ist und dass die Arbeitsplätze nicht gefährlich sind.

Die Freiheit der Marktwirtschaft soll da enden, wo sie unsozial ist, wo sie nur den Starken dient und den weniger Starken schadet. Das Privateigentum wird geschützt, aber wer Eigentum hat, hat auch Verantwortung dafür, wie er damit umgeht.

b Ordnen Sie die Begriffe zu: freie Marktwirtschaft (a) – soziale Marktwirtschaft (b)

soziale Gerechtigkeit [b] Kündigungsschutz ☐ freier Markt ☐ Arbeitnehmerschutz ☐

c Soziale Marktwirtschaft. Welche Aussagen sind richtig? Kreuzen Sie an.

1 Der Staat greift ...
- a nicht in die Wirtschaft ein. ☐
- b in die Wirtschaft ein, um auch soziale Ziele zu erreichen. ☒

2 Der Staat greift in die Freiheit der Unternehmen ...
- a ein, z. B. wenn von bestimmten Produkten besondere Gefahren ausgehen. ☐
- b nicht ein. Die Unternehmen können produzieren, was sie wollen. ☐

3 Der Staat schränkt die Freiheit der Arbeitgeber ...
- a nicht ein. Jeder kann Verträge schließen, wie er es möchte. ☐
- b ein: Die Rechte von Arbeitnehmern müssen geschützt werden. ☐

d Was sind die Vor- und die Nachteile der sozialen Marktwirtschaft?
Was meinen Sie? Sammeln Sie Ihre Ideen im Kurs.

1 Staatssymbole (→ Seite 10)

Die deutschen Staatssymbole sind:

Bundeswappen	schwarzer Adler ❙ goldener oder gelber Hintergrund
Bundesflagge	schwarz-rot-gold ❙ Nationalflagge seit dem 8.5.1949
Deutsche Nationalhymne	Text: August Heinrich Hoffmann von Fallersleben ❙ Musik: Joseph Haydn
Bundeshauptstadt	Berlin ❙ Regierungssitz
Tag der Deutschen Einheit	3. Oktober ❙ Nationalfeiertag als Erinnerung an die deutsche Wiedervereinigung

2 Deutschland und die Bundesländer (zum Nachschlagen) (→ Seite 12)

Bundesland	Hauptstadt	Fläche	Einwohner
Baden-Württemberg	Stuttgart	35.751 km^2	10,9 Millionen
Bayern	München	70.550 km^2	12,8 Millionen
Berlin	Berlin	892 km^2	3,5 Millionen
Brandenburg	Potsdam	29.654 km^2	2,5 Millionen
Bremen	Bremen	419 km^2	0,7 Millionen
Hamburg	Hamburg	755 km^2	1,8 Millionen
Hessen	Wiesbaden	21.114 km^2	6,2 Millionen
Mecklenburg-Vorpommern	Schwerin	23.214 km^2	1,6 Millionen
Niedersachsen	Hannover	47.615 km^2	7,9 Millionen
Nordrhein-Westfalen	Düsseldorf	34.110 km^2	17,9 Millionen
Rheinland-Pfalz	Mainz	19.855 km^2	4,1 Millionen
Saarland	Saarbrücken	2.569 km^2	1,0 Millionen
Sachsen	Dresden	18.420 km^2	4,1 Millionen
Sachsen-Anhalt	Magdeburg	20.451 km^2	2,2 Millionen
Schleswig-Holstein	Kiel	15.802 km^2	2,9 Millionen
Thüringen	Erfurt	16.202 km^2	2,2 Millionen
Bundesrepublik Deutschland	**Berlin**	**357.046 km^2**	**82,2 Millionen**

Quelle: Statistisches Bundesamt, Stichtag 31.12.2015

3 Quiz: Die Abkürzungen der Bundesländer – Ordnen Sie zu. (→ Seite 12)

Was bedeutet „Hansestadt"? Schauen Sie im Internet nach.

Baden-Württemberg Bayern Brandenburg Hessen Thüringen Berlin Freie Hansestadt Bremen Niedersachsen Nordrhein-Westfalen Sachsen-Anhalt Sachsen Saarland Freie Hansestadt Hamburg Mecklenburg-Vorpommern Schleswig-Holstein Rheinland-Pfalz

SH	______________	TH	______________
MV	______________	SN	______________
NI	______________	RLP	______________
ST	______________	SL	______________
BB	______________	BW	______________
NRW	______________	BY	______________
HE	______________	BE	______________
HB	______________	HH	______________

4 Der Bund und die Länder: wichtige Aufgaben, Institutionen, Vertreter (→ Seite 13)

Die Bundesrepublik Deutschland ist ein föderalistischer Staat. Die einzelnen Bundesländer haben eigene Kompetenzen und können eigene Gesetze machen.

a Aufgaben des Bundes: Außenpolitik, Bundeswehr, Steuern

Bundespräsident/in	höchster Vertreter / höchste Vertreterin Deutschlands ǀ repräsentative Aufgaben ǀ unterschreibt Gesetze ǀ ernennt Bundesminister
Bundeskanzler/in	Chef der Bundesregierung ǀ schlägt Bundesminister/innen vor ǀ macht Politik, regiert
Bundesregierung	der Bundeskanzler / die Bundeskanzlerin und die Minister/innen ǀ schlägt Gesetze vor, achtet darauf, dass Gesetze befolgt werden
Bundestag	ca. 600 Abgeordnete aus ganz Deutschland ǀ wählt den Bundeskanzler / die Bundeskanzlerin ǀ diskutiert und beschließt Bundesgesetze
Bundesrat	die Ministerpräsidenten und weitere Regierungsvertreter/innen der Länder
Bundesversammlung	Bundestag, Vertreter/innen der Bundesländer und einige Bürger/innen ǀ wählt den Bundespräsidenten
Bundesverfassungsgericht	wacht über die Einhaltung des Grundgesetzes ǀ Richter/innen werden vom Bundestag und Bundesrat gewählt

b Aufgaben der Bundesländer: Bildung (Schulen und Universitäten), Kultur, Polizei

Ministerpräsident/in	Chef der Landesregierung ǀ schlägt Landesminister/innen vor ǀ macht Landespolitik, regiert das Bundesland ǀ vertritt sein Bundesland im Bundesrat
Landesregierung	der Ministerpräsident / die Ministerpräsidentin und die Landesminister/innen ǀ schlägt Landesgesetze vor ǀ achtet darauf, dass Landesgesetze befolgt werden
Landtag	Abgeordnete eines Bundeslandes ǀ wählt den Ministerpräsidenten / die Ministerpräsidentin ǀ diskutiert und beschließt Landesgesetze

In den drei Stadtstaaten Berlin, Hamburg und Bremen heißt der Ministerpräsident „(Regierender/Erster) Bürgermeister" und die Landesregierung „Senat". Die Minister heißen „Senatoren". Der Landtag heißt in Hamburg und Bremen „Bürgerschaft", in Berlin „Abgeordnetenhaus von Berlin".

5 Demokratie und Rechtsstaat

Staatsstrukturprinzipien in Deutschland:

- Bundesstaatlichkeit
- Demokratie
- Sozialstaatlichkeit
- Rechtsstaatlichkeit

a Rechte und Pflichten (→ Seite 22)

1 Wichtige Rechte

Achtung der Menschenwürde | Recht auf Leben | Recht auf körperliche Unversehrtheit | Verbot der Folter | Recht auf Freiheit | Recht auf freie Meinungsäußerung | Religions- und Glaubensfreiheit | Gleichberechtigung von Mann und Frau | Ausweispflicht

2 Wichtige Pflichten

Achtung der demokratischen Grundordnung | Meldepflicht | Steuerpflicht | Schulpflicht

b Rechtsstaat und Gewaltenteilung (→ Seiten 18–19)

Der Staat: – schützt die Rechte der Bürgerinnen und Bürger;
– muss sich an die Gesetze und die Verfassung halten.

Kontrolle: durch unabhängige Gerichte

Gegenteil: Polizeistaat, Diktatur

Staat
(Gewaltenteilung)

	Legislative	Exekutive	Judikative
Aufgabe:	macht Gesetze	führt die Gesetze aus	bestraft, wenn jemand gegen ein Gesetz verstößt; achtet darauf, dass Gesetze der Verfassung entsprechen
Institutionen:	Bundestag Bundesrat Landtag	Bundesregierung Landesregierungen Bürgermeister/in Polizei Stadtverwaltung	Bundesverfassungsgericht Gerichte

6 Parteien und Wahlen

a Einige wichtige Parteien (→ Seite 15)

Partei	
CDU/CSU Christlich-Demokratische Union / Christlich-Soziale Union	
SPD Sozialdemokratische Partei Deutschlands	
FDP Freie Demokratische Partei	
Bündnis 90 / Die Grünen	
Die Linke.	

b Wahlen (→ Seiten 13–14 und 21)

Wahlrechtsgrundsätze in Deutschland: Die Wahl ist allgemein, frei, geheim und gleich.

Wahl	Wer wird gewählt?	Wer darf wählen?	Wie oft?
Europawahl	Europaparlament in Straßburg	alle EU-Bürger	alle 5 Jahre
Bundestagswahl	Bundestag in Berlin	alle deutschen Staatsbürger/innen	alle 4 Jahre
Landtagswahl/ Senatswahl	der Landtag in den einzelnen Bundesländern; in Berlin, Hamburg, Bremen: der Senat	alle Deutschen eines Bundeslandes	alle 4–5 Jahre
Bürgermeisterwahl/ Gemeinderatswahl/ Kreistagswahl	Bürgermeister, Gemeinderäte und Kreisräte in Städten, Gemeinden und Landkreisen	alle Deutschen und alle EU-Ausländer/innen einer Stadt, einer Gemeinde oder eines Landkreises	alle 4–5 Jahre
Wahl der Ausländerbeiräte	Ausländerbeiräte	alle Ausländer/innen	alle 4–5 Jahre

Wer wählt ...

den Bundeskanzler / die Bundeskanzlerin?	Die Abgeordneten des Bundestags.
den Ministerpräsidenten / die Ministerpräsidentin?	Die Abgeordneten eines Landtags.
den Bundespräsidenten / die Bundespräsidentin?	Die Bundesversammlung.

7 Sozialstaat Deutschland und soziale Marktwirtschaft (→ Seiten 27–32)

Ziele:

soziale Gerechtigkeit für alle Bürger | Unterstützung für alte und kranke Menschen
Wohlstand und soziale Sicherung für alle Bürger/innen Deutschlands | freie Wirtschaft

Wichtige Hilfen (vom Staat):

Arbeitslosengeld | Sozialhilfe | Wohngeld | Pflegegeld | Arbeitnehmerschutz (Kündigungsschutz, Mutterschutz) | gesetzliche Sozialversicherungen (Arbeitslosenversicherung, Krankenversicherung, Pflegeversicherung, Rentenversicherung, Unfallversicherung) | Tarifverträge zum Einkommen und zu den Arbeitsbedingungen (Arbeitnehmervertreter: Gewerkschaften, Betriebsräte)

Private Vorsorge:

private Altersvorsorge | Berufsunfähigkeitsversicherung | weitere private Versicherungen

1 Kleines Geschichtsquiz

Welche historischen Ereignisse sind hier gemeint? Recherchieren Sie mithilfe der Jahresangaben.
Bringen Sie die Bilder in die richtige Reihenfolge und notieren Sie die Jahreszahlen dazu.

a

b

c

d

e

f

g

h

1933 – 1945
1939 – 1945
1945
1949 – 1990
1961
1989
9.11.1989
2002

2 Was wissen Sie über diese Ereignisse? Sammeln Sie im Kurs.

3 Was bedeutet der Begriff „historische Verantwortung"? Lesen Sie die Erklärung. Was denken Sie: Welche Ereignisse sollte man nicht vergessen und warum? Sprechen Sie darüber im Kurs.

„Verantwortung für die Geschichte" gehört zu den wichtigsten Begriffen der deutschen Nachkriegszeit. Damit bezeichnet man die moralisch-politische Verpflichtung gegenüber den Menschen, die in der Vergangenheit Opfer von Unrecht waren. Was passiert aber, wenn die Menschen, von denen man diese Verantwortung fordert, keine direkte Verbindung mehr zu der Zeit und zu den Tätern sowie Opfern haben? Lässt sich Verantwortung von einer Generation auf die nächste vererben?

2 Nationalsozialismus und der Zweite Weltkrieg

1 Was ist hier gemeint? Ordnen Sie zu.

Reichstagswahlen 1928–1933

	1928	1930	Jul 32	Nov 32	1933
NSDAP	2,6	18,3	37,3	33,1	43,9
SPD	29,8	24,5	21,6	20,4	18,3
KPD	10,6	13,1	14,3	16,9	12,3
Zentrum	12,1	11,8	12,5	11,9	11,2
Sonstige	44,9	32,3	14,3	17,7	14,3

NSDAP: Nationalsozialistische Deutsche Arbeiterpartei unter Adolf Hitler; SPD: Sozialdemokratische Partei Deutschlands; KPD: Kommunistische Partei Deutschlands; Zentrum: Zentrumspartei (katholisch, konservativ)

1928–1933 3

9.11.1938

1.9.1939

1942

6.6.1944

20.7.1944

30.4.1945

1 Deutschland greift Polen an, der Zweite Weltkrieg beginnt. In der Folge führt Deutschland Krieg gegen Frankreich und andere westliche Länder in Europa. 1941 überfällt Deutschland die UdSSR. Auch in Nordafrika kämpfen deutsche Soldaten.
2 Das NS-Regime beschließt, die Juden systematisch in Konzentrationslager (KZ) zu bringen und dort zu ermorden („Endlösung der Judenfrage"). Etwa sechs Millionen Juden kommen ums Leben.
3 In Deutschland steigt die Arbeitslosigkeit und es gibt starke nationalistische Tendenzen in der Bevölkerung. Viele Deutsche haben kein Vertrauen mehr in die Demokratie. Hitlers NSDAP wird von Wahl zu Wahl stärker. 1933 wird Hitler Reichskanzler, obwohl die NSDAP nicht die Mehrheit im Reichstag hat.
4 Novemberpogrome 1938: Die Nazis zerstören jüdische Geschäfte und Synagogen.
5 Die Armee der Alliierten landet an der französischen Küste und erobert Frankreich zurück. Jetzt kämpft Deutschland an zwei Fronten: Im Westen gegen die Alliierten unter der Führung der Amerikaner, im Osten gegen die Rote Armee. Der Krieg ist für Deutschland praktisch verloren, doch Hitler lässt seine Soldaten weiterkämpfen.
6 Die sowjetische Armee erobert Berlin. Hitler begeht Selbstmord. Wenige Tage später ist der Krieg zu Ende. Seine Bilanz ist schrecklich: über 60 Millionen Menschen verlieren ihr Leben, weite Teile Europas sind zerstört.
7 Einige deutsche Offiziere um Claus Graf von Stauffenberg verüben ein Attentat auf Hitler. Hitler überlebt. Stauffenberg und seine Anhänger werden hingerichtet. Heute erinnert ein wichtiger Gedenktag an dieses Ereignis.

2 Was wissen Sie über diese Zeit? Sammeln Sie im Kurs.

3 Die Herrschaft Hitlers und der NSDAP

Diktatur
Nach 1933 lösten sich viele Parteien auf oder wurden verboten. Es gab nur noch die NSDAP unter Adolf Hitler. Das Hitler-Regime hob die Pressefreiheit auf, verbot die Gewerkschaften und setzte die Grundgesetze praktisch außer Kraft („Gleichschaltung"). Politische Gegner kamen ins Gefängnis oder in ein Konzentrationslager, meistens ohne ein Gerichtsverfahren. Nach den Akten der Sicherheitspolizei gehörten dazu u.a. Kommunisten, kritische Theologen, politisch unzufriedene Menschen, Homosexuelle und „Landesverräter".

Antisemitismus und Verfolgung von Minderheiten
Die NSDAP führte ab 1933 ihr antisemitisches Programm aus: Man sollte nicht mehr bei Juden einkaufen, Ehen zwischen jüdischen und nicht-jüdischen Bürgern wurden verboten. Später mussten Juden in bestimmten Stadtteilen wohnen (Gettos). Am 9. November 1938 („Reichskristallnacht") und an den folgenden Tagen zerstörten die Nazis jüdische Geschäfte und Synagogen. Schritt für Schritt verloren die Juden alle Bürger- und Menschenrechte. Viele Juden gingen ins Ausland. 1942 begann das Regime mit der „Endlösung der Judenfrage": Millionen von Juden wurden in Konzentrationslager nach Polen gebracht und ermordet. Auch andere Gruppen wurden von dem Regime verfolgt: Sinti und Roma, Homosexuelle, psychisch Kranke und Behinderte.

Welche Aussagen sind richtig? Kreuzen Sie an.

		richtig	falsch
1	Hitler wollte allein regieren und hat die NSDAP verboten.	☐	☐
2	Politische Gegner des NS-Regimes durften frei ihre Meinung äußern.	☐	☐
3	Als die NSDAP an die Macht kam, fing sie an, die Juden zu verfolgen.	☐	☐
4	Jüdische Bürger hatten die gleichen Rechte wie Deutsche nicht-jüdischer Abstammung.	☐	☐
5	Juden und weitere Gruppen wurden in den KZ systematisch ermordet.	☐	☐

4 Erinnerung an die Verbrechen des Nationalsozialismus

a Ordnen Sie die Texte den Bildern zu.

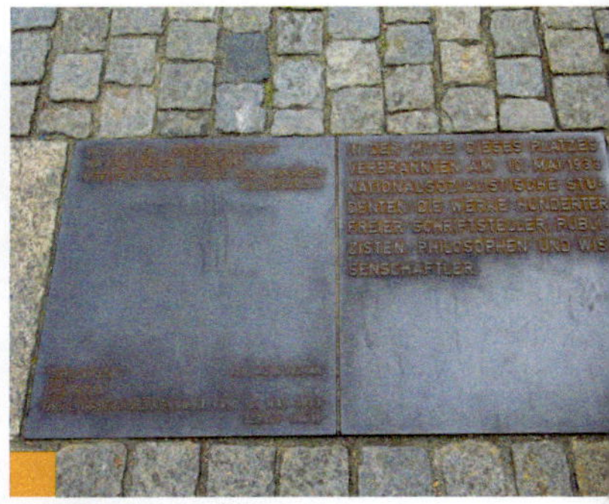

1 Im Mai 1933 verbrennen nationalsozialistische Studenten öffentlich Bücher vieler deutscher Schriftsteller. Viele Künstler verlassen Deutschland und gehen ins Exil. Das Denkmal zur Bücherverbrennung ist bei der Oper in Berlin.
2 Das Holocaust-Denkmal steht in Berlin in der Nähe des Brandenburger Tors. Es erinnert an die Ermordung der Juden durch das Nazi-Regime. Es soll die Besucher nachdenklich machen. In dem Denkmal gibt es auch ein Informationszentrum.
3 Die Flugblätter „liegen" vor der Universität München und erinnern an die Widerstandsgruppe „Die Weiße Rose" um die Geschwister Hans und Sophie Scholl. Die Gruppe rief zum Widerstand gegen Hitler auf. „Unser heutiger ‚Staat' (...) ist die Diktatur des Bösen. (...) Der Sinn und das Ziel des passiven Widerstandes ist, den Nationalsozialismus zu Fall zu bringen (...)." Am 18. Februar 1943 entdeckte man die Geschwister Scholl, als sie in der Universität München ihre Flugblätter verteilten. Am 22. Februar wurden sie hingerichtet.
4 Das NS-Regime baute zahlreiche Konzentrationslager, vor allem für politische Gegner und Juden. Die Lebensbedingungen in diesen Lagern waren unmenschlich: Die Gefangenen mussten hart arbeiten und viele starben an Hunger oder Krankheiten. Oder sie wurden von den Nazis ermordet. Es gibt viele KZ-Gedenkstätten, wie diese hier in Dachau bei München.

b Kennen Sie so eine Gedenkstätte oder so ein Denkmal? Erzählen Sie.

5 Zitat aus dem Grundgesetz (Artikel 3,3)

Lesen Sie das Zitat. Was denken Sie: Warum steht dieser Text in der deutschen Verfassung? Sprechen Sie darüber im Kurs.

> **„Niemand darf wegen seines Geschlechtes, seiner Abstammung, seiner Rasse, seiner Sprache, seiner Heimat und Herkunft, seines Glaubens, seiner religiösen oder politischen Anschauungen benachteiligt oder bevorzugt werden. Niemand darf wegen seiner Behinderung benachteiligt werden."**

1 Die Nachkriegsjahre

a Ordnen Sie die Texte den Bildern zu.

1 *d*

Deutschland hat kapituliert.

2

Teilung Deutschlands und Berlins

3

Unterzeichnung des Grundgesetzes – Gründung der Bundesrepublik Deutschland

4

Währungsreform – Geburtsstunde der Deutschen Mark (DM)

5

Gründung der Deutschen Demokratischen Republik (DDR)

6

Nürnberger Prozesse gegen die Hauptkriegsverbrecher

a

Jetzt gibt es zwei deutsche Staaten

7.10.1949 – In der Sowjetischen Besatzungszone haben die Vertreter der Sozialistischen Einheitspartei (SED) und Vertreter des sowjetischen Staates die Gründung des zweiten deutschen Staates – der Deutschen Demokratischen Republik (DDR) – unterschrieben.

b

Am Sonntag 40 Deutsche Mark pro Kopf

Am kommenden Sonntag, dem 20. Juni 1948, wird in den Westzonen die Währungsreform durchgeführt. Pro Kopf können zunächst vierzig Deutsche Mark (DM) gegen alte Reichsmark umgetauscht werden. Löhne, Gehälter und Mieten werden 1:1, Sparguthaben 10:1 umgewertet.

c

Wir sind Bürger der Bundesrepublik Deutschland!

23. 5. 1949 – Der Parlamentarische Rat hat das „Grundgesetz für die Bundesrepublik Deutschland" unterzeichnet.

d

Deutschland gibt auf!

Gestern, am 8. Mai 1945, hat die „Stunde Null" geschlagen: In den späten Nachmittagsstunden haben die deutschen Offiziere in Berlin-Karlshorst die Kapitulation der deutschen Armee unterschrieben. Die Siegermächte, die USA, die Sowjetunion, Großbritannien und Frankreich, übernehmen ab sofort die Führung des Landes.

e

Der Nationalsozialismus vor Gericht

20.11.1945 – Ab heute müssen sich die Hauptkriegsverbrecher für das Planen und Führen eines Krieges und für den Massenmord an Menschen vor einem internationalen Militärtribunal in Nürnberg verantworten.

f

Beschlüsse von Jalta treten in Kraft

■ Wie auf der Konferenz von Jalta im Februar 1945 beschlossen, wird Deutschland in vier Besatzungszonen und Berlin in vier Sektoren aufgeteilt. Als Amtssprache gilt von jetzt an die Sprache der jeweiligen Besatzungsmacht.

b Was wissen Sie über diese Ereignisse? Berichten Sie im Kurs.

2 „Der Schokoladenonkel"

a Sehen Sie sich das Bild an.
Was machen die Kinder?
Was meinen Sie?

8 **b** Hören Sie. Kreuzen Sie die Bilder an, zu denen etwas im Text gesagt wird.

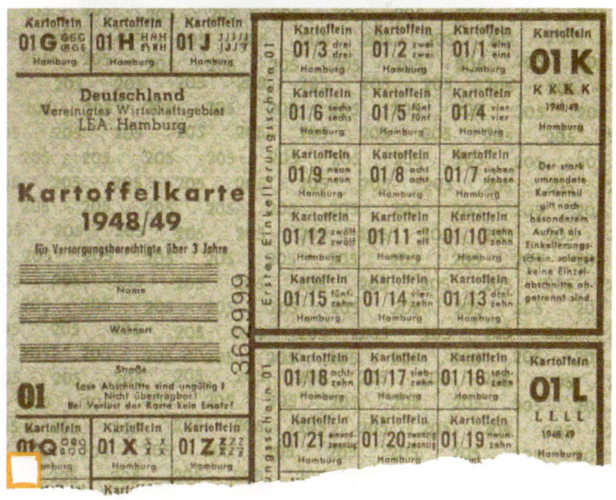
Deutschland
Vereinigtes Wirtschaftsgebiet
LEA Hamburg
Kartoffelkarte
1948/49
für Versorgungsberechtigte über 3 Jahre
Name
Wohnort
Straße
01 K
01 L
362999

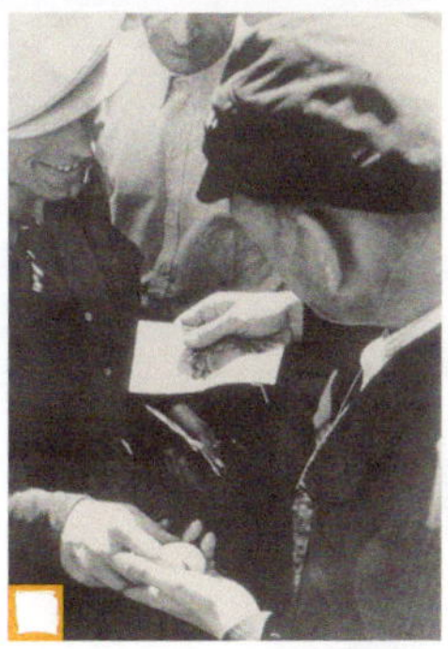

c Was haben Sie über die Ereignisse erfahren? Erzählen Sie.

3 Was bedeuten diese Ausdrücke? Ordnen Sie zu.

a Schwarzmarkt — 2
b Luftbrücke
c Lebensmittelkarten
d Trümmerfrauen

1 Viele deutsche Städte wurden zerstört. Da sehr viele Männer in Kriegsgefangenschaft oder tot waren, mussten die Frauen die Ruinen beseitigen.

2 Es gab wenig zu essen. Es fehlte an allem. Wer etwas hatte, was er nicht brauchte, versuchte es zu tauschen – gegen Essen, Zigaretten, Haushaltswaren. Allerdings war das illegal.

3 Vom Juni 1948 bis Mai 1949 war die Grenze nach West-Berlin von der sowjetischen Armee gesperrt. Amerikaner und Briten haben Essen und Kohle nach West-Berlin mit Flugzeugen transportiert.

4 Wenn man Lebensmittel kaufen wollte, brauchte man spezielle Marken. Man bekam dafür Brot, Mehl, Kartoffeln, Milch usw.

Von der Teilung bis zur Wiedervereinigung

1

2

3

4

5

6

7

8

9

10

11

1 DDR (1) oder Bundesrepublik Deutschland (2)?

a Wo ist es passiert? Ergänzen Sie.

a In der _1_ bestimmt der Staat die wirtschaftliche Entwicklung. Dazu beschließt er einen Fünfjahresplan. Dort steht genau, welche Dinge produziert werden und wer diese Dinge produziert. Der Wiederaufbau geht langsam voran.

b Die USA unterstützen finanziell die westdeutsche Wirtschaft („Marshallplan"). Die Wirtschaft wächst in der ___ sehr schnell; die Menschen haben bald genug zu essen und Geld für den Konsum. Man spricht vom „Wirtschaftswunder".

c Am 17. Juni 1953 gehen die Arbeiter in der ___ auf die Straße. Sie demonstrieren für bessere Lebens- und Arbeitsbedingungen. Gegen Mittag rollen sowjetische Panzer am Potsdamer Platz in Berlin an und der „Volksaufstand" wird blutig beendet.

d 1955 treten die beiden deutschen Staaten unterschiedlichen Militärbündnissen bei: Die ___ wird am 6. Mai 1955 15. Mitglied der NATO; die ___ wird am 14. Mai 1955 Mitglied des neuen „Warschauer Pakts". Damit ist die Trennung der westlichen und der östlichen Staaten (des sog. Ostblocks) in Europa abgeschlossen. Die Zeit des Rüstungswettbewerbes zwischen den Westmächten und dem Ostblock bezeichnet man als „Kalten Krieg".

e In der ___ sind viele Menschen unzufrieden – aus politischen und wirtschaftlichen Gründen. Viele von ihnen fliehen nach Westdeutschland. Die ___ schließt 1961 die Grenzen, baut die Berliner „Mauer" und nennt diese „Antifaschistischer Schutzwall".

f Ende der Sechzigerjahre protestieren viele Studenten in der ___ gegen die Konsumgesellschaft und gegen die Wertvorstellungen ihrer Eltern. Sie wollen mehr Freiheit und Demokratie.

g Unter Bundeskanzler Willy Brandt (1969–1974) unterzeichnet die Regierung der ___ die sogenannten Ostverträge. Damit erkennt die ___ die Grenzen zur DDR, Sowjetunion, Tschechoslowakei und zu Polen an. Eine besondere Geste war Brandts Kniefall vor dem Ehrenmal des jüdischen Gettos in Warschau am 7. Dezember 1970. Diese Geste spielte eine wichtige Rolle bei der Entspannung zwischen Ost und West. Die beiden deutschen Staaten nehmen gleichberechtigte Beziehungen zueinander auf. Damit wird der Beitritt von der Bundesrepublik Deutschland und der DDR zur UNO möglich (September 1973).

h In den Siebzigerjahren wird in der ___ der Umweltschutz zu einem wichtigen politischen Thema. Besondere Proteste gibt es vor allem gegen den Bau von Atomkraftwerken. 1980 wird die Partei „Die Grünen" gegründet, die sich am Anfang vor allem für den Umweltschutz engagiert.

i In der ___ finden im August und September 1972 die Olympischen Sommerspiele statt. Die Spiele werden in München ausgetragen und stellen einen neuen Teilnehmerrekord auf: 122 Mannschaften und mehr als 7000 Athleten nehmen an den Spielen teil. Überschattet werden die Spiele durch die Geiselnahme und Ermordung elf israelischer Athleten.

j Im März 1970 treffen sich in Erfurt Willy Brandt, der Bundeskanzler der ___ , und Willi Stoph, Ministerpräsident der ___ , zu einem Gipfeltreffen, bei dem es zur ersten deutsch-deutschen Annäherung kommt.

b Ordnen Sie die Texte den Fotos auf der linken Seite zu.

2 Die Wiedervereinigung

a Lesen Sie die Schlagzeilen und ordnen Sie sie den Bildern zu.

1 d

2

3

4

5

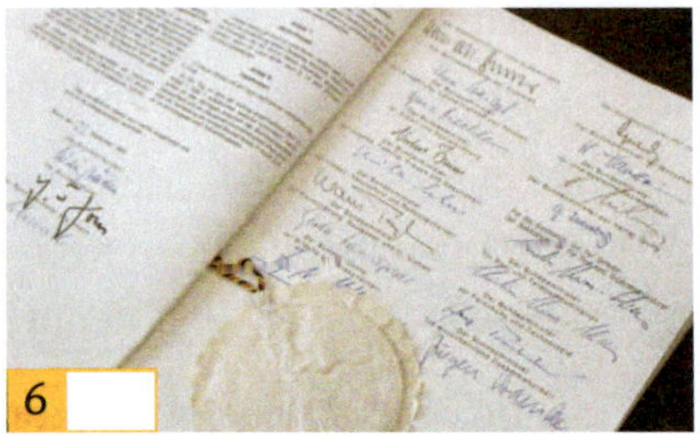
6

a **Sonderzug für DDR-Flüchtlinge aus Prager Botschaft**

b **D-Mark für ganz Deutschland**

c „Wir sind das Volk" – Montagsdemonstrationen und Massenproteste in der DDR

d **40 Jahre DDR! Gorbatschow zu Besuch bei Erich**

e **Ende des eisernen Vorhangs: Die Mauer ist ein Souvenir**

f **Nur noch ein Deutschland: DDR tritt Bundesrepublik Deutschland bei**

b Was meinen Sie: Was ist damals genau passiert? Erzählen Sie. Die Schlagzeilen helfen Ihnen.

3 Fragen an drei Deutsche: Wie sehen Sie die Wiedervereinigung heute?

9-11 Wer sagt das? Hören Sie und notieren Sie die Namen.

Eva Gutmann

Svenja Tönnies

Jürgen Rehm

a Für die jungen Leute ist es heute selbstverständlich, dass Deutschland nicht mehr geteilt ist.

____

b Die Wende hat fast nur Negatives gebracht – Arbeitslosigkeit und eine schlechte Wirtschaftssituation.

____

c Die Wiedervereinigung war für Deutschland ein wichtiges Ereignis, das viele positive Änderungen mit sich brachte.

____

Die Geschichte der Migration nach Deutschland 2

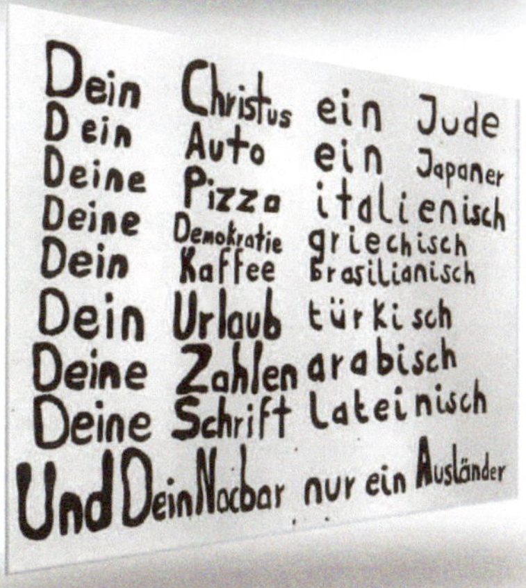

1 Was heißt „Migration"?

a Notieren Sie Stichpunkte zu den Fragen. Arbeiten Sie in kleinen Gruppen.

Warum will oder muss man sein Heimatland verlassen?
Welche Schwierigkeiten kann es im neuen Land geben?

b Sprechen Sie über Ihre Ergebnisse im Kurs.

2 Nachbarn aus der ganzen Welt – Interviews aus einem Haus

12–16

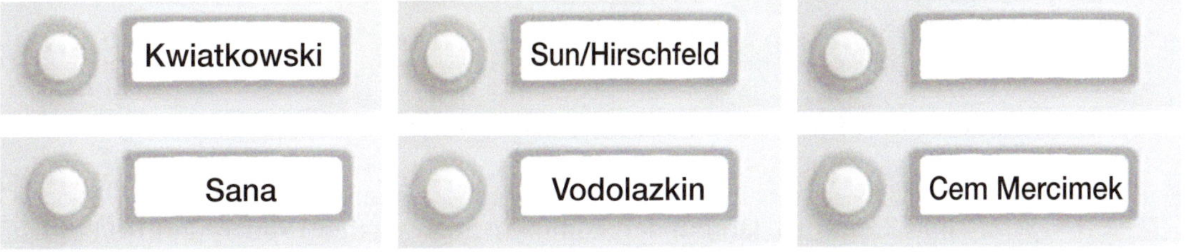

a Hören Sie und machen Sie eine Tabelle.

	Thorsten Kwiatkowski	Jevgenij Vodolazkin	Rosanna Sana	Ling Sun	Cem Mercimek
Alter?	60				29
woher?	Polen				
wann nach Deutschland?					
warum?					

b Und wie war es bei Ihnen?
Notieren Sie kurz wie in a und erzählen Sie im Kurs.

Alter? ____________________

woher? ____________________

wann nach Deutschland? ____________________

warum? ____________________

3 Migration nach Deutschland

Lesen Sie den Text. Wer kommt wann nach Deutschland? Notieren Sie auf der Karte.

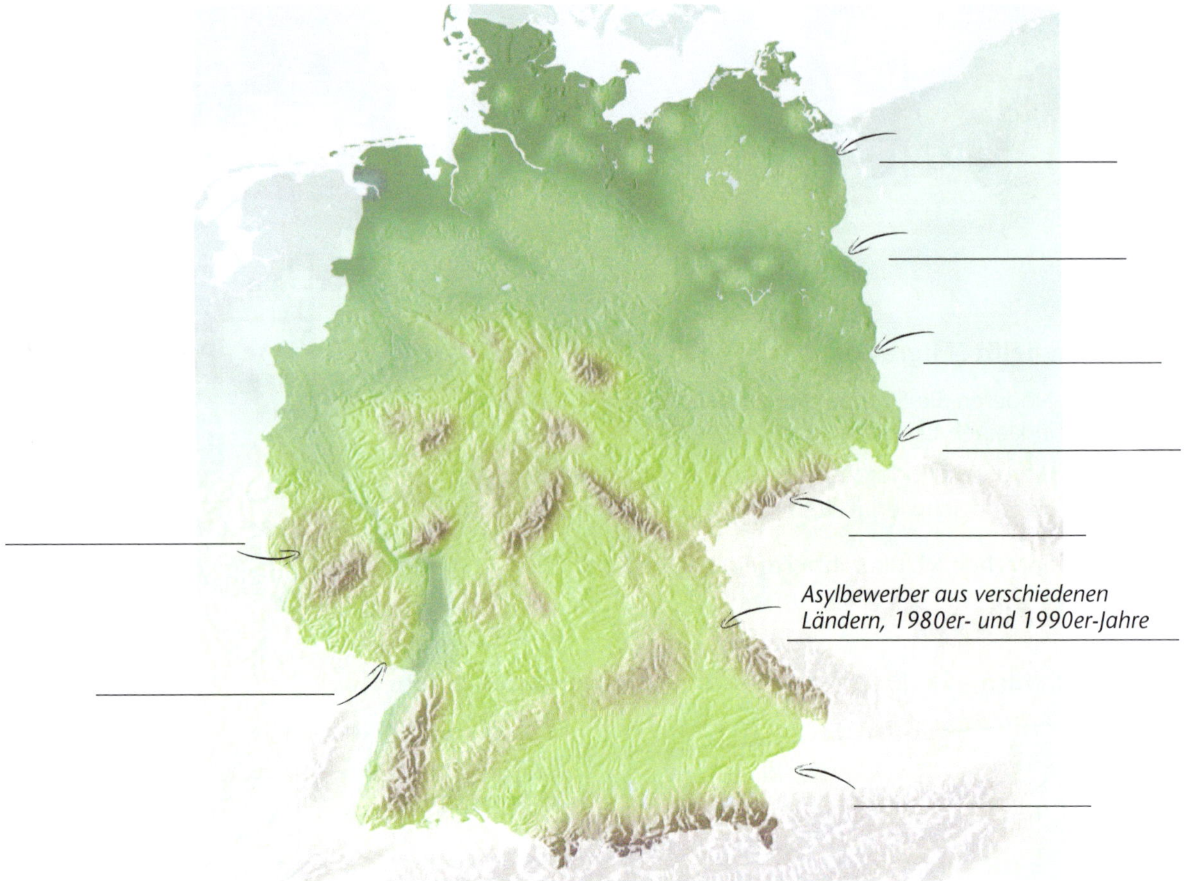

1 Schon im 17. und 18. Jahrhundert kommen Menschen aus Frankreich nach Deutschland. Die Menschen fliehen aus religiösen Gründen.

2 Im 19. Jahrhundert gehen viele Polen ins Ruhrgebiet, das damalige Zentrum der deutschen Industrie. Dort arbeiten sie im Bergbau.

3 Nach dem Ende des Zweiten Weltkriegs werden mehr als 10 Millionen Deutsche aus der damaligen Tschechoslowakei, aus Polen, Ungarn, Rumänien und Jugoslawien vertrieben.

4 Zwischen 1955 und 1973 lädt man Menschen aus anderen Ländern ein, in Deutschland zu arbeiten. Diese ersten „Gastarbeiter" kommen aus Italien. Die größte Gruppe der Gastarbeiter kommt aus der Türkei.

5 Ab 1980 kommen „Vertragsarbeiter" in die DDR, vor allem aus Vietnam, Mosambik und Angola.

6 In den 1980er- und 1990er-Jahren kommen politische Flüchtlinge aus verschiedenen Ländern nach Deutschland und bitten hier um „politisches Asyl". Sie werden deshalb „Asylbewerber" genannt.

7 Von 1990 bis 2000 kommen mehr als zwei Millionen „Spätaussiedler" nach Deutschland. Spätaussiedler sind Deutsche, die größtenteils in der ehemaligen Sowjetunion gelebt haben.

8 In den 1990er-Jahren wandern die „Kontingentflüchtlinge" ein, also Menschen jüdischen Glaubens, die aus Russland oder aus der Ukraine stammen.

9 In den Jahren 2015–2017 kommen viele Geflüchtete unter anderem aus Syrien nach Deutschland.

4 Gibt es Migration aus anderen Ländern in Ihr Heimatland? Berichten Sie im Kurs.

1 **Was haben die Abbildungen mit Europa zu tun? Sammeln Sie Ideen im Kurs.**

2 **Die europäische Flagge, der Europatag und die europäische Hymne sind Symbole der Europäischen Union. Was ist richtig? Lesen Sie die Texte und kreuzen Sie an.**

Die europäische Flagge
Der Kreis aus zwölf goldenen Sternen ist ein Symbol für Einheit, Solidarität und Harmonie in Europa. Die Zahl der Sterne hat nichts mit der Anzahl der Mitgliedstaaten zu tun. Die europäische Flagge gibt es seit 1955. Der damalige Europarat wählte den Kreis mit zwölf goldenen Sternen vor einem blauen Hintergrund, weil die Zahl Zwölf traditionell für Ganzheit und der Kreis für Einheit steht. Im Jahr 1983 nahm das Europäische Parlament dieselbe Flagge an und 1985 wurde sie zum offiziellen Symbol der EU.

Europatag – 9. Mai
Am 9. Mai 1950 hielt der französische Außenminister Robert Schuman eine Rede, in der er zum ersten Mal Überlegungen zum geeinten Europa vorstellte. Diese Rede gilt als „Grundstein" der EU. So feiert man seit 1986 jedes Jahr am 9. Mai den Europatag und damit die Arbeit und die Erfolge der EU. An diesem Tag finden verschiedene Veranstaltungen statt, die die europäischen Nationen einander näher bringen sollen.

Die europäische Hymne
Der Europarat bestimmte 1972 den letzten Satz der Neunten Symphonie von Ludwig van Beethoven zur Hymne Europas. Beethoven, der die Symphonie 1823 komponiert hatte, vertonte hier die „Ode an die Freude" von Friedrich Schiller aus dem Jahr 1785. Seit 1985 gilt die Neunte Symphonie als offizielle Hymne der EU. Sie soll nicht die nationalen Hymnen ersetzen, sondern steht als Symbol – ohne Worte, nur in der universalen Sprache der Musik – für Freiheit, Frieden und Solidarität.

		richtig	falsch
a	Die goldenen Sterne auf der europäischen Flagge geben die Anzahl der EU-Mitgliedstaaten an.	☐	☐
b	Die europäische Flagge wurde 1985 zum offiziellen Symbol der EU.	☐	☐
c	Der Gedanke über ein vereintes Europa wurde zum ersten Mal in der berühmten „Schuman-Rede" am 9. Mai 1950 geäußert.	☐	☐
d	Den Europatag gibt es seit 1950.	☐	☐
e	Die Melodie der europäischen Hymne entspricht der Neunten Symphonie von Ludwig van Beethoven.	☐	☐
f	Die europäische Hymne spielt und singt man mit Worten, die der „Ode an die Freude" entsprechen.	☐	☐

3 Quiz: Was wissen Sie über die Europäische Union?

Was ist richtig? Kreuzen Sie an.

1. Die Europäische Union (EU) hat 27 Mitgliedstaaten. ☒
2. Die wichtigsten Ziele der EU sind: Frieden und Sicherheit in Europa, gemeinsamer wirtschaftlicher Markt in Europa und eine gemeinsame Außenpolitik. ☐
3. Den Euro gibt es als offizielles Zahlungsmittel in allen Mitgliedsländern. ☐
4. Als Bürger der EU kann man in die EU-Länder ohne Reisepass oder Visum reisen. ☐
5. Wenn man als EU-Bürger in einem anderen EU-Land leben und arbeiten möchte, braucht man eine Aufenthaltserlaubnis und eine Arbeitserlaubnis. ☐

4 Kurze Geschichte der Europäischen Union (EU)

a Lesen Sie den Text. Unterstreichen Sie die Staaten und die Jahreszahlen.

Im Jahr 1957 gründen sechs Staaten (Belgien, die Bundesrepublik Deutschland, Frankreich, Italien, Luxemburg und die Niederlande) durch die Römischen Verträge die Europäische Wirtschaftsgemeinschaft (EWG).

Den Mitgliedstaaten geht es darum, einen gemeinsamen europäischen Markt zu schaffen und die Bereiche der gemeinsamen Politik auszuweiten.

Dänemark, Irland und Großbritannien treten 1973 bei. Acht Jahre später, 1981, folgt Griechenland.

1986 steigt die Zahl der Mitglieder auf zwölf: Portugal und Spanien treten bei.

In Maastricht wird im Dezember 1991 der „Vertrag über die Europäische Union" unterzeichnet.

1995: Die Europäische Union zählt 15 Staaten – Finnland, Österreich und Schweden treten bei.

Am 1.1.2002 kommt in zwölf Staaten der Euro – die europäische Währungsunion wird verwirklicht.

2004 – zehn Länder kommen hinzu: Estland, Lettland, Litauen, Malta, Polen, Slowakei, Slowenien, Tschechien, Ungarn und die Republik Zypern.

Zwei weitere osteuropäische Länder treten 2007 der EU bei: Bulgarien und Rumänien. 2013 kommt Kroatien als 28. Mitglied hinzu.

2020 tritt Großbritannien aus der EU aus.

1957 ____ ____ ____ ____ ____ ____ ____ ____

b Ergänzen Sie die Jahreszahlen unter der Karte.

5 Ihr Land und die Europäische Union

Ist Ihr Heimatland Mitglied der Europäischen Union?
Mit welchen Ländern arbeitet Ihr Land eng zusammen (politisch, wirtschaftlich)?
Hat Ihr Land Verträge mit diesen Ländern abgeschlossen?

6 Der Euro

a Woher kommen die Euro-Münzen? Ordnen Sie zu.

Spanien   Irland   Vatikan   Luxemburg
Italien   Österreich   Deutschland

1. ______________

2. ______________

3. ______________

4. ______________

5. ______________

6. ______________

7. ______________

b Lesen Sie den Text. Ergänzen Sie die Informationen über den Euro.

Der Euro, die einheitliche Währung der Europäischen Union, wurde (als Bargeld) am 1. Januar 2002 in zwölf Ländern eingeführt. Man kann damit seit 2015 in neunzehn der 27 Mitgliedstaaten der EU zahlen: Belgien, Deutschland, Estland, Finnland, Frankreich, Griechenland, Irland, Italien, Lettland, Litauen, Luxemburg, Malta, Niederlande, Österreich, Portugal, Slowakei, Slowenien, Spanien und Zypern. Auch Monaco, San Marino und die Vatikanstadt besitzen eigene Euro-Münzen.
Die Euro-Scheine sind in allen Ländern identisch. Jedes Land prägt aber seine eigenen Münzen: Eine Seite ist überall gleich, auf der anderen ist ein besonderes nationales Symbol abgebildet.

Der Euro

Einführung: ______________

Seit ______________ Zahlungsmittel in den folgenden Ländern:

____

____

____

Gestaltung der ______________: überall gleich

Gestaltung der ______________: in den verschiedenen Ländern unterschiedlich

1 Einige Daten zur deutschen Geschichte (Zum Nachschlagen) (→ Seiten 38–46)

1914–1918	Erster Weltkrieg: Deutschland verliert den Krieg; Ende der Monarchie in Deutschland.
1919–1933	„Weimarer Republik“: erster demokratischer deutscher Staat Ab Mitte der 1920er-Jahre steigt die Arbeitslosigkeit, die Regierungen wechseln oft. Durch nationalistische Tendenzen in der Bevölkerung und die Armut vieler Menschen wird die NSDAP unter Adolf Hitler stärkste Partei im Reichstag.
1933	30. Januar: Adolf Hitler wird Reichskanzler. 5. März: Bei den Reichstagswahlen bekommt die NSDAP 43,9% der Stimmen. 23. März: Der Reichstag beschließt mit Ausnahme der SPD, dass Hitler Gesetze ohne das Parlament machen darf („Ermächtigungsgesetz“): Adolf Hitler verbietet alle Parteien außer der NSDAP und verfolgt seine politischen Gegner. Es gibt praktisch keine Grundrechte mehr, auch keine Presse- und Meinungsfreiheit. Die offizielle Diskriminierung der Juden beginnt. Viele jüdische Bürgerinnen und Bürger flüchten ins Ausland.
1934	Das NS-Regime errichtet Konzentrationslager (KZ) für politische Gegner und Juden, aber auch andere Gruppen kommen ins KZ, u.a. Sinti und Roma, Homosexuelle und Behinderte.
1938	9. November: Die Nationalsozialisten zerstören jüdische Synagogen und Geschäfte („Reichskristallnacht“).
1939	1. September: Deutschland greift Polen an, der Zweite Weltkrieg beginnt. In der Folge ist in fast ganz Europa Krieg, aber auch in Teilen Afrikas und Ostasiens.
1941/42	Das NS-Regime macht eine Reihe von Konzentrationslagern zu Vernichtungslagern, wo es vor allem Juden systematisch ermordet.
1944	6. Juni: Die Alliierten landen an der französischen Küste. 20. Juli: Attentat auf Hitler. Der Diktator überlebt.
1945	4.–11. Februar: Konferenz von Jalta; Aufteilung Deutschlands in vier Besatzungszonen und Berlins in vier Sektoren 8. Mai: Kapitulation Deutschlands in Berlin („Stunde Null“), Ende des Zweiten Weltkriegs in Europa Deutsche aus den früheren Ost- und Südeuropagebieten (Ostpreußen, Polen, Tschechoslowakei, Jugoslawien und Rumänien) fliehen kurz vor Kriegsende vor der Front und werden nach Kriegsende aus den befreiten Ländern ausgewiesen. Dies wird später „Vertreibung“ genannt. 20. November: Nürnberger Prozesse gegen die Hauptkriegsverbrecher; weitere zwölf Prozesse gegen weitere Verantwortliche des Nationalsozialismus bis 14. April 1949
1947	Ankündigung eines wirtschaftlichen Wiederaufbauprogramms für Europa (Marshallplan)
1948	20. Juni: Währungsreform, „Geburtsstunde“ der Deutschen Mark Beginn der Berliner Blockade durch die Sowjetunion Versorgung der Westberliner Bevölkerung durch die „Luftbrücke“ zwischen Berlin und Westdeutschland (Juni 1948 – Mai 1949) Einführung der „sozialen Marktwirtschaft“

1949
23. Mai: Unterzeichnung des „Grundgesetzes“ und Gründung der Bundesrepublik Deutschland

1952
19. Juli: Verabschiedung des Betriebsverfassungsgesetzes in der Bundesrepublik Deutschland, das Rechte und Pflichten der Arbeitnehmer in den Betrieben regelt

1955
5. Mai: Beitritt der Bundesrepublik Deutschland zur NATO
Die Wirtschaft in der Bundesrepublik Deutschland wächst schnell; man holt zusätzliche Arbeitskräfte (Gastarbeiter) aus südeuropäischen Ländern.

1968
Studentenproteste in der Bundesrepublik Deutschland für mehr Freiheit und Demokratie

1949
7. Oktober: Gründung der Deutschen Demokratischen Republik (DDR)

1953
17. Juni: „Volksaufstand“ der Arbeiter in Ost-Berlin gegen die Lebens- und Arbeitsbedingungen in der DDR

1955
14. Mai: Gründung des Warschauer Paktes mit der DDR als Mitgliedstaat

1961
Die DDR schließt die Grenzen zur Bundesrepublik Deutschland.
13. August: Bau der Berliner Mauer, in der DDR „Antifaschistischer Schutzwall“ genannt

1970
19. März: Erfurter Gipfeltreffen zwischen Willy Brandt (Bundeskanzler der Bundesrepublik Deutschland) und Willi Stoph (Ministerpräsident der DDR); erste deutsch-deutsche Annäherung im Rahmen der neuen Ostpolitik der bundesdeutschen Regierung

1970–1973
Unterzeichnung der Ostverträge im Rahmen der neuen Ostpolitik von Willy Brandt; Anerkennung der Staatsgrenzen innerhalb von Europa, gleichberechtigte Beziehungen zwischen der Bundesrepublik Deutschland und der DDR. Am 7. Dezember 1970 kniet Brandt spontan vor dem Ehrenmal des jüdischen Gettos in Warschau nieder. Diese Geste spielte eine wichtige Rolle bei der Entspannung zwischen den Blöcken.

1972
26. August bis 11. September: Olympische Sommerspiele in München; Geiselnahme und Ermordung von elf israelischen Athleten

1973
Beitritt der Bundesrepublik Deutschland und der DDR zur UNO

1980er-/1990er-Jahre
Asylbewerber aus Krisenregionen (Asien, Afrika und Osteuropa) kommen in die Bundesrepublik Deutschland.

1980
Der Umweltschutz wird in der Bundesrepublik Deutschland zu einem wichtigen Thema; Gründung der Partei „Die Grünen“.

1989
Feierlichkeiten zum 40. Jahrestag der DDR
Ungarn öffnet seine Grenzen zu Österreich. Bürger der DDR fliehen in großer Zahl über Ungarn und Österreich in die Bundesrepublik Deutschland (August–September).
„Montagsdemonstrationen“ in Leipzig gegen die Regierung der DDR (Oktober)
18. Oktober: Der Staatsratsvorsitzende der DDR, Erich Honecker, tritt zurück.
9. November: Öffnung der Berliner Mauer

1990	1. Juli: Währungsunion zwischen der Bundesrepublik Deutschland und der DDR 3. Oktober: Beitritt der DDR zur Bundesrepublik Deutschland Der 3. Oktober wird Nationalfeiertag der Bundesrepublik Deutschland 2. Dezember: erste Wahl des gesamtdeutschen Bundestages
1990er-Jahre	Spätaussiedler und Kontingentflüchtlinge aus Osteuropa kommen nach Deutschland.
2002	1. Januar: Einführung des Euro, der gemeinsamen europäischen Währung

2 Einige Daten zur Geschichte der Europäischen Union (→ Seite 47–49)

1957	25. März: Gründung der Europäischen Wirtschaftsgemeinschaft (EWG) (sog. „Römische Verträge"); Mitgliedstaaten: Belgien, Bundesrepublik Deutschland, Frankreich, Italien, Luxemburg, Niederlande
1973	Beitritt von Dänemark, Irland und Großbritannien
1981	Beitritt von Griechenland
1986	Beitritt von Portugal und Spanien
1991	Dezember: Vertrag über die Europäische Union (Verträge von Maastricht)
1995	Beitritt von Finnland, Österreich und Schweden
2002	1. Januar: Einführung des Euro, der gemeinsamen europäischen Währung, als Bargeld in den EU-Mitgliedsstaaten Belgien, Deutschland, Finnland, Frankreich, Griechenland, Irland, Italien, Luxemburg, Niederlande, Österreich, Portugal, Spanien
2004	Beitritt von Estland, Lettland, Litauen, Malta, Polen, Slowakei, Slowenien, Tschechien, Ungarn und der Republik Zypern
2007	Beitritt von Bulgarien und Rumänien
2013	Beitritt von Kroatien
2015	Der Euro ist Zahlungsmittel in 19 EU-Mitgliedsstaaten und weiteren Staaten
2020	Nachdem sich in einem Referendum 2016 die Mehrheit der Bürgerinnen und Bürger Großbritanniens dafür ausgesprochen hatte, tritt das Land 2020 aus der EU aus.

1 Welche Bilder passen zu den Themen? Ordnen Sie zu.

1	Menschen in Deutschland	______	4	Religionen	______
2	Deutsche Sprache	______	5	Landschaftsbilder	______
3	Bildung	______	6	Verhaltensregeln	______

2 Über welches Thema wissen Sie schon etwas?

Sammeln Sie Informationen im Kurs und machen Sie ein Plakat.

3 Regionale Vielfalt

1 Deutschland – ein Land mit vielen Gesichtern

Karneval in Köln

Ostseeküste, Insel Rügen

Finanzzentrum Frankfurt

Bayerische Alpen

Biergarten in München

VW-Werk in Wolfsburg

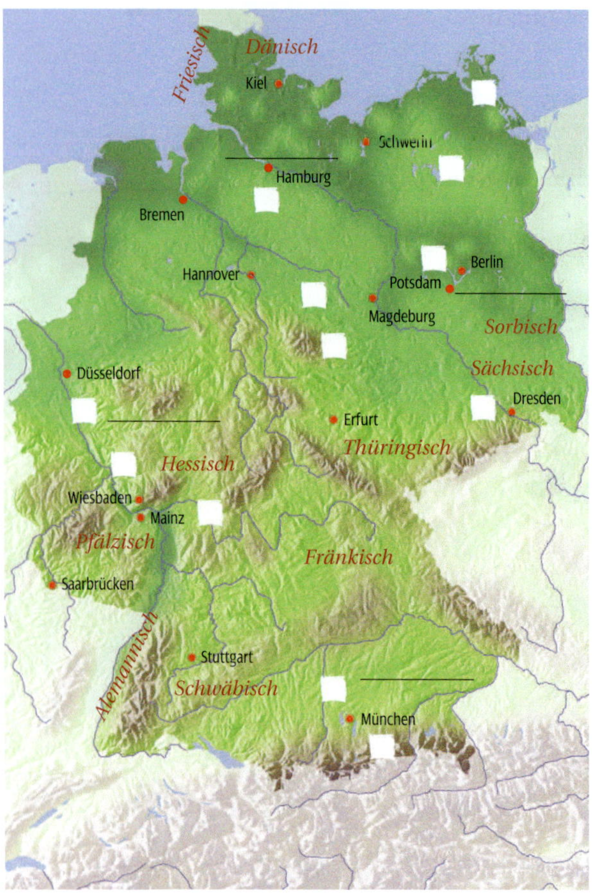

Norddeutschland

Berlin, Regierungsviertel

Brocken im Harz

Dresden

Mecklenburgische Seenplatte

Lorelei am Rhein

a Sehen Sie sich die Bilder an. Wo ist das in Deutschland? Was meinen Sie? Schreiben Sie die Nummern in die Karte.

b Was ist für Ihre Region typisch (Landschaft, Architektur, Feste)? Sammeln Sie im Kurs.

2 Deutsch – eine Sprache mit vielen Varianten

17–22

a Hören Sie die Gespräche. Welche Personen sprechen Deutsch? Kreuzen Sie an.

1 ☐ ____________ 2 ☐ ____________
3 ☐ ____________ 4 ☐ ____________
5 ☐ ____________ 6 ☐ ____________

b Hören Sie die Gespräche 1, 3, 5 und 6 noch einmal.
Welchen Dialekt sprechen die Menschen?
Kölsch | Berlinisch | Plattdeutsch | Bairisch

c Wo spricht man die Dialekte? Ergänzen Sie auf der Karte.

3 Welchen Dialekt sprechen die Menschen in Ihrer Region? Sammeln Sie Dialektwörter und -ausdrücke, die Sie kennen. Was bedeuten sie?

4 Deutsch sprechen die Menschen nicht nur in Deutschland.

In welchen Ländern gilt die deutsche Sprache als offizielle Amtssprache?

5 Regionale Spezialitäten

a Zwei Spezialitäten kommen ursprünglich nicht aus Deutschland.
Die Deutschen essen sie aber sehr gern. Welche? Markieren Sie.

a Lebkuchen ☐

b Pizza ☐

c Labskaus ☐

d Stollen ☐

e Weißwürste ☐

f Maultaschen ☐

g Döner ☐

h Rheinischer Sauerbraten ☐

b Woher kommen diese beiden Spezialitäten? Ergänzen Sie in 5 a.

1 Nürnberg | 2 München | 3 Dresden | 4 Schwaben | 5 Rheinland | 6 Schleswig-Holstein

6 Welche deutschen Spezialitäten kennen Sie? Was essen Sie gern? Was mögen Sie überhaupt nicht?

7 Der große Spezialitätentest

a Lesen Sie die Namen der Gerichte und ordnen Sie sie den Fotos zu (Ziffern 1–10).

1 Seidene Klöße
2 Weißwürste mit Brezen und Senf
3 Labskaus
4 Grie Soß (Frankfurter „Grüne Soße")
5 Pharisäer
6 Rheinischer Sauerbraten
7 Dresdner Weihnachtsstollen
8 Maultaschen
9 Rote Grütze
10 Buletten

a 

b 

c 

d 

e 

f 

g 

h 

i 

j 

b Jedes Gericht ist Spezialität in einem Bundesland bzw. mehreren Bundesländern. Wissen Sie welche? Schreiben Sie das jeweilige Bundesland / die jeweiligen Bundesländer zu jedem Gericht.

Baden-Württemberg, Bayern, Nordrhein-Westfalen, Brandenburg, Sachsen-Anhalt, Saarland, Berlin, Niedersachsen, Sachsen, Bremen, Hessen, Mecklenburg-Vorpommern, Rheinland-Pfalz, Schleswig-Holstein, Thüringen, Hamburg

8 Projekt: Arbeiten Sie zu zweit. Welches Gericht würden Sie gern probieren? Suchen Sie im Internet, in deutschen Kochbüchern usw. das entsprechende Rezept. Kochen Sie es zu Hause nach und bringen Sie es in den Kurs mit. Lassen Sie die anderen Kursteilnehmer/-innen probieren.

1 Über oder unter dem Wasser? Lesen Sie den Text. Ergänzen Sie in der Grafik die „Elemente" der Kultur aus dem Kasten.

Das sogenannte *Eisbergmodell* versucht, am Bild eines Eisberges den Begriff der Kultur zu erklären. Ein Eisberg ist eine große Eismasse, die im Meer schwimmt. Die Grafik macht deutlich, dass nur ein kleiner Teil des Eisberges über die Wasseroberfläche (ca. 1/8–1/5) ragt. Man sieht also nur einen kleinen Teil davon, der größere Teil ist im Wasser „versteckt".

Man kann sich auch die Kultur wie einen Eisberg vorstellen: Nur ein kleiner Teil ist gleich sichtbar und relativ einfach zu erkennen. Dazu gehört zum Beispiel das Essen, das auch in den einzelnen Regionen unterschiedlich sein kann. Auf den ersten Blick sichtbar sind auch die Menschen – ihre Kleidung, ihr Aussehen, ihr Verhalten und die Formen ihres Umgangs miteinander. Sofort hörbar ist die Sprache mit regionalen Dialekten. Vieles ist aber auch nicht gleich erkennbar. Was bedeutet *Familie*? Welche Arten des Zusammenlebens sind akzeptiert? Welche Rolle hat die Religion? Welche Verhaltensregeln, die nicht aufgeschrieben sind, werden erwartet? Welche Werte und Normen gibt es? Wie sind die Einstellungen der Menschen? Um diesen Teil der Kultur zu erforschen, braucht man viel Offenheit, aber auch viel Energie und Geduld, denn man muss viel beobachten, über vieles nachdenken und darüber mit anderen Menschen sprechen.

Aussehen | Erwartungen | Einstellungen | Gebräuche | Normen | Produkte | Sitten | ~~Sprache~~ | Verhalten | Vorschriften | Werte

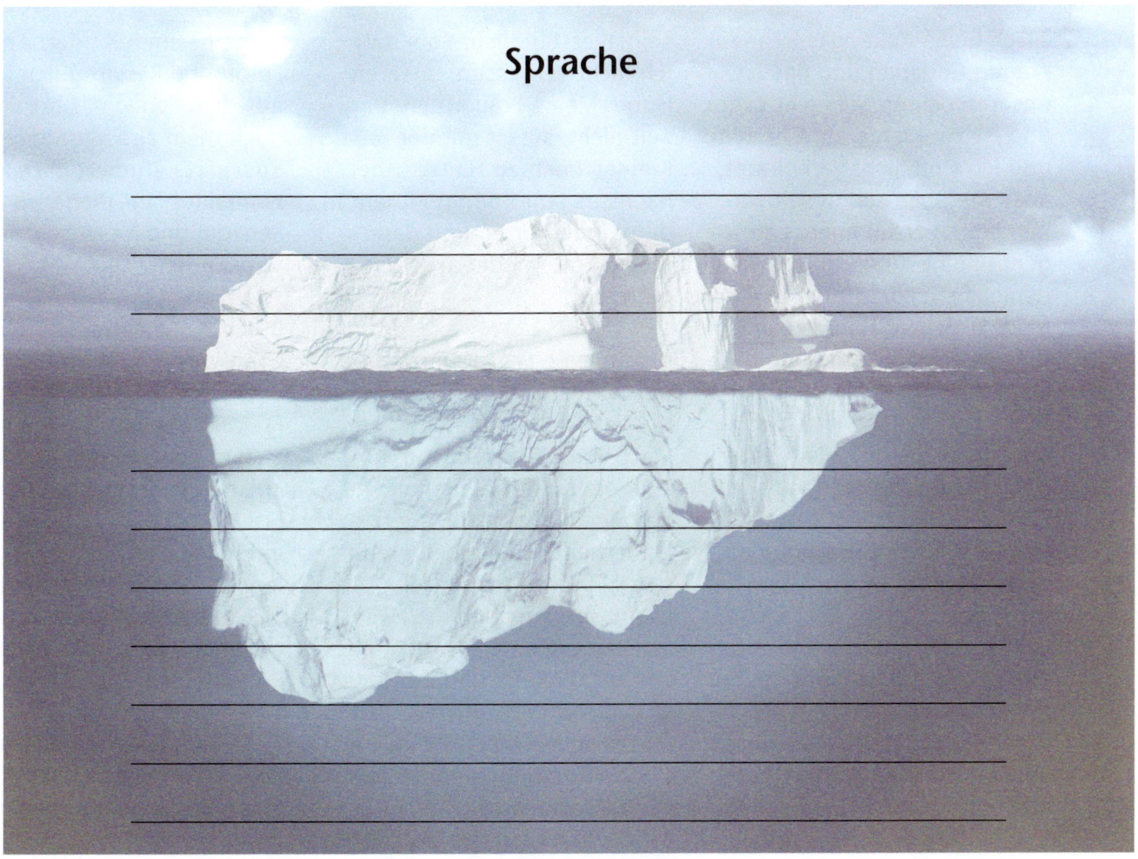

2 Nennen Sie zu den „Elementen" konkrete Beispiele.

3 Vergleichen und diskutieren Sie Ihre Lösungen im Kurs.

1 Partnerschaft, Ehe, Familie: Wie ist das in Deutschland?

a Lesen Sie die Texte und ordnen Sie sie den Bildern zu.

1 Ich heiße Anke, das ist mein Freund Christian und das ist unsere Tochter. Sie heißt Laura und ist zwei Jahre alt. Christian und ich sind nicht verheiratet, aber wir leben schon seit sieben Jahren zusammen. Laura geht in eine Kinderkrippe, seitdem sie ein Jahr alt ist, weil wir beide arbeiten. Und es klappt gut, sie fühlt sich dort wohl.

2 Ich und meine Mutter wohnen allein. Sie und mein Vater haben sich scheiden lassen. Früher hat mir mein Vater sehr gefehlt, auch wenn ich ihn ab und zu besuchen und manchmal sogar bei ihm übernachten durfte. Aber heute ist es mir eigentlich egal, ich komme mit meiner Mutter ganz gut zurecht. Mein Vater hat sowieso eine neue Familie und daher auch nur selten Zeit.

3 Also, ich würde sagen: Wir sind eine ganz normale Familie: meine Frau Alexandra, ich, unser Sohn Christoph und unsere Tochter Miriam. Ja, selbstverständlich, Bobi darf ich nicht vergessen, unseren Hund. Meine Frau arbeitet zurzeit nicht, sie ist mit der Kleinen noch zu Hause. Aber nächstes Jahr kommt Miriam in den Kindergarten und dann will meine Frau wieder arbeiten gehen.

4 Ich heiße Erna Klimova und das ist mein Mann, Alexander Kusnezov. Mein erster Mann starb vor 22 Jahren, von ihm sind die Kinder Alexej und Valdemar. Mit meinem jetzigen Mann habe ich die beiden jüngeren, Sergej und Mascha. Dann wohnen auch die zwei Schwiegertöchter bei uns, mit den vier Enkeln, und der Vater, er ist schon 80 Jahre alt. Seit einem Jahr wohnen wir alle im Übergangswohnheim. Mein sehnlichster Wunsch ist eine große Wohnung, wo wir den Vater pflegen können.

5 Mein Name ist Abdullah und das ist meine Familie: Doro, meine Frau, und unsere gemeinsamen Kinder: Aminata, Fatou und Bassirou. Ich komme aus dem Senegal. Dort lebt noch mein ältester Sohn Yussuf. Er studiert in Dakar. Einmal im Jahr fliege ich in den Senegal und besuche dort alle Verwandten.

6 Ich heiße Petra. Ich bin Grafikdesignerin und lebe allein. Ich habe einen festen Freund, aber wir wollen nicht zusammen wohnen. Ich brauche meine Freiheit und mein Freund auch. Wir können uns immer treffen, wenn wir wollen. Am Wochenende machen wir immer etwas gemeinsam, gehen ins Kino oder besuchen Freunde.

7 Mein Partner heißt Hans-Peter. Wir haben uns auf einer Messe kennengelernt und leben seit vier Jahren zusammen. Nächstes Jahr wollen wir endlich heiraten. Unsere Hochzeit wird ein großes Fest mit Freunden und Familie.

b Wie nennt man die Lebensformen in den Texten? Notieren Sie die Nummern.

- [2] alleinerziehend
- [ ] Single-Haushalt
- [ ] in Partnerschaft lebend
- [ ] traditionelle Familie
- [ ] binationale Familie
- [ ] Großfamilie
- [ ] gleichgeschlechtliche Ehe

2 Heirat: Was ist in Deutschland möglich?

a Arbeiten Sie zu zweit. Was meinen Sie? Wer kann heiraten? Was geht? Notieren Sie wie im Beispiel und sprechen Sie.

b Was meinen Sie? Dürfen folgende Personen in Deutschland heiraten oder geht das nicht? Kreuzen Sie an. Sprechen Sie dann darüber in Kurs.

1 Frau 14 Jahre
Frau 22 Jahre
ja [ ] nein [ ]

2 Frau 35 Jahre
Frau 22 Jahre
ja [ ] nein [ ]

3 Mann 35 Jahre
Mann 22 Jahre
ja [ ] nein [ ]

4 Frau 65 Jahre
Frau 22 Jahre
ja [ ] nein [ ]

c Lesen Sie den Text. Wie ist das für Sie? Kreuzen Sie an.

1 In Deutschland (Europa) heiraten immer zwei Personen. Die Ehe von drei oder mehr Personen ist verboten.

2 Ehen werden vor dem Standesbeamten geschlossen (Gesetz). Ehen, die nur in anderen Institutionen (z. B. Kirchen) geschlossen wurden, gelten vor dem Gesetz nicht.

3 Kinder (–18 Jahre) dürfen nicht heiraten, Personen zwischen 16 und 18 Jahren können eine gerichtliche Sondergenehmigung bekommen. Jüngere Kinder bis 15 Jahre können keine Sondergenehmigung bekommen.

4 Keine Person darf zu einer Ehe gezwungen werden. Vor dem Standesbeamten kann jede Person noch vor der Eheschließung ihre Einwilligung zurückziehen.

5 Die freie Partnerwahl ist Ausdruck des selbstbestimmten, eigenverantwortlichen Lebens. Das garantiert der deutsche Staat

1 ☐ ☺ ☐ 😐 ☐ ☹
2 ☐ ☺ ☐ 😐 ☐ ☹
3 ☐ ☺ ☐ 😐 ☐ ☹
4 ☐ ☺ ☐ 😐 ☐ ☹
5 ☐ ☺ ☐ 😐 ☐ ☹

☺ Das kenne und verstehe ich gut.
😐 Das ist mir etwas fremd.
☹ Das verstehe ich nicht.

3 Familie in der Heimat und in Deutschland

a „Familie ist die Nummer eins im Leben“. Finden Sie das auch?
Kreuzen Sie an und machen Sie eine Kursstatistik.

☐ 👍👍👍👍👍 ☐ 👍👍👍 ☐ 👍

👍👍👍👍👍	👍👍👍	👍

b Was ist „Familie“ für Sie? Kreuzen Sie an.

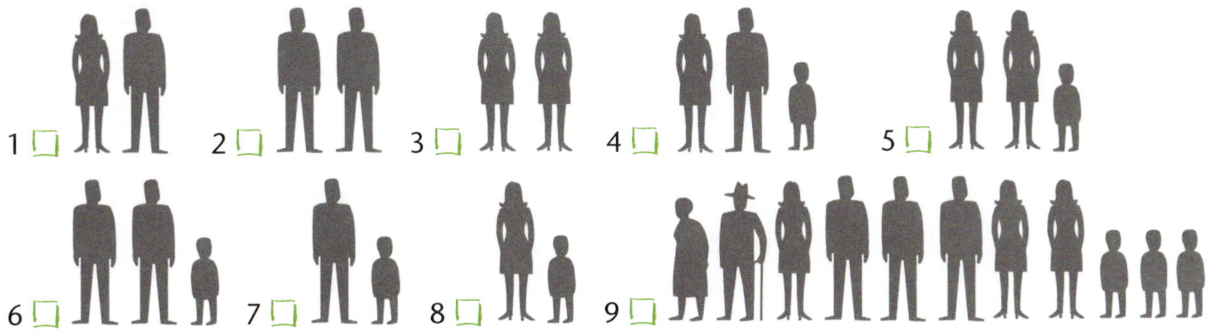

c Wie leben Familien in Deutschland? Wie leben Ihre deutschen Freunde / Nachbarn?
Erzählen Sie.

Ich kenne eine Familie wie in Bild …

Ich auch. Und ich kenne eine Familie wie in Bild …

Ich nicht. Ich kenne …

d Wie ist das für Sie? Ordnen Sie die Bilder 1–9 aus b zu.

1 Familie Nr. ______________ ist gut.

2 Familie Nr. ______________ versteht ich nicht.

3 Familie Nr. ______________ gibt es nur in Deutschland.

4 Familie Nr. ______________ gibt es auch in meiner Heimat.

4 Familienalltag in Deutschland

a Sehen Sie sich die Bilder an. Welche Aufgaben haben Familien in Deutschland?

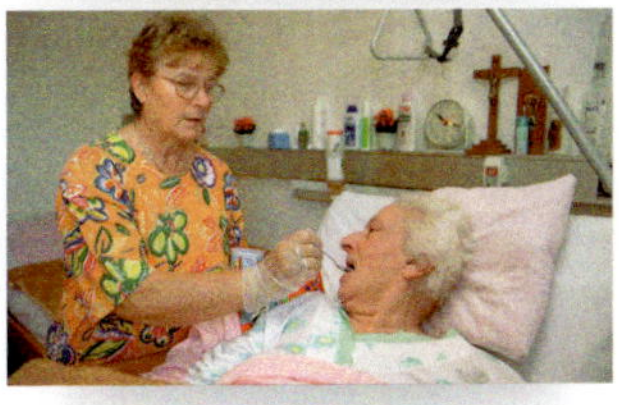

b Was bedeutet „Familie“ für Sie? Welche Aufgaben haben Sie in der Familie?
Sprechen Sie darüber im Kurs.

5 Kindererziehung: Interview mit zwei Jugendlichen

23

a Hören Sie die Interviews. Wer ist streng in der Erziehung? Kreuzen Sie an.

☐ Chiaras Mutter ☐ Julians Eltern

b Welche Aussagen passen zu Chiara, welche zu Julian? Kreuzen Sie an.

Chiara …	Julian …		
☐	☐	1	darf nicht viel fernsehen und Computer spielen.
☐	☐	2	kann über alles reden.
☐	☐	3	hat viel Freiheit.
☐	☐	4	muss pünktlich zur Schule gehen.
☐	☐	5	soll gute Noten haben.
☐	☐	6	muss immer Hausaufgaben machen.
☐	☐	7	muss viel im Haushalt helfen.
☐	☐	8	kann Ausflüge machen.

6 Was ist Ihnen bei der Kindererziehung wichtig? Wie erzieht man die Kinder in Ihrem Heimatland? Erzählen Sie.

7 Familien und ihre Haustiere

a Was meinen Sie? Was sind die beliebtesten Haustiere der Deutschen? Ordnen Sie die Zahlen 1–6 zu (1 = sehr beliebt; 6 = weniger beliebt).

○ Hund 

○ Katze 

○ Kaninchen Maus 

○ Fisch 

○ Schlange 

○ Vogel 

Ca. 60 % aller deutschen Haushalte haben ein Haustier.

b Ist es in Ihrem Heimatland auch üblich, Haustiere zu halten? Welche? Erzählen Sie.

8 Älterwerden in Deutschland

a Sehen Sie sich die Bilder an. Wie leben ältere Menschen in Deutschland? Sprechen Sie darüber im Kurs.

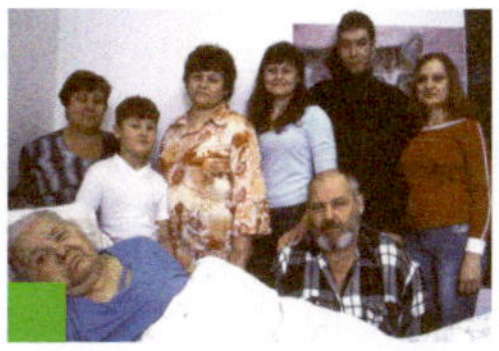

b Lesen Sie die Texte und ordnen Sie sie den Bildern zu.

1 Ich heiße Theresia und lebe seit einem Jahr in Koblenz. Jetzt bin ich schon alt und schwach. Ich bin froh, dass alle meine Kinder und Enkel mit nach Deutschland gekommen sind und mir helfen. Die Stadt Koblenz hat uns sehr geholfen und wir bekamen eine große Wohnung mit Aufzug. So komme ich mit dem Rollstuhl überall hin.

2 Wir haben drei Enkelkinder, da gibt es immer etwas zu tun. Aber ab und zu braucht man auch ein bisschen „Freizeit". Letzte Woche zum Beispiel haben wir einen schönen Ausflug mit dem Bus in die Alpen gemacht. Den hat das Alten- und Servicezentrum organisiert. Und das Ganze hat nur zehn Euro gekostet.

3 Seit ich in Rente bin, habe ich endlich Zeit für mich. Ich war Richter und habe Jura studiert. Und jetzt studiere ich wieder und zwar Kirchengeschichte.

4 Ich bin Sebastian und 19 Jahre alt. Ich mache gerade mein freiwilliges soziales Jahr bei „Essen auf Rädern". Ich bringe älteren Leuten das Mittagessen. Jetzt gehe ich zu einem älteren Herrn. Seine Frau ist im letzten Jahr gestorben und er kann nicht alleine für sich kochen.

5 Ich heiße Anna Schmidt. Im letzten Jahr hatte ich eine Operation an der Hüfte und konnte danach nicht mehr gut laufen. Deshalb sind mein Mann und ich hier in das „Haus Waldpark" gezogen. Hier gibt es „betreutes Wohnen": Wir haben unsere eigene kleine Wohnung, aber wenn wir etwas nicht mehr alleine tun können und Hilfe brauchen, ist immer jemand im Haus für uns da. Es gibt einen gemeinsamen Raum für alle Bewohner, wo wir auch zu Mittag essen. Wir machen viel zusammen.

6 Ich bin Laura und habe 20 Jahre als Krankenschwester gearbeitet. Dann machte ich mich selbstständig. Jetzt helfe ich älteren Menschen, die in ihrer eigenen Wohnung leben, aber nicht mehr alles selbst machen können.

c Welche Möglichkeiten gibt es für ältere Menschen? Was steht in den Texten? Kreuzen Sie an.

1 Es gibt spezielle Wohnungen für Rollstuhlfahrer. [X]
2 Alten- und Servicezentren organisieren Freizeitangebote für ältere Menschen. [ ]
3 Wenn ältere Menschen nicht mehr Auto fahren können, bekommen sie einen Fahrer. [ ]
4 Auch ältere Menschen können an einer Universität studieren. [ ]
5 Ältere Menschen können ihr Mittagessen nach Hause bestellen. [ ]
6 Es gibt Häuser für ältere Menschen. Dort haben sie ihre eigene Wohnung und es ist immer jemand da, wenn sie einmal Hilfe brauchen. [ ]
7 Die Städte organisieren Sportfeste für ältere Menschen. [ ]
8 Ältere Menschen können zu Hause wohnen. Wenn sie Hilfe brauchen, kann jemand zu ihnen nach Hause kommen. [ ]

9 Projekt: Angebote für Menschen über 50 Jahre (50+) in Ihrer Stadt

Suchen Sie Angebote im Telefonbuch oder im Internet. Sie finden die Angebote unter Begriffen wie: Beratungsstelle für ältere Menschen, Betreuungsverein, Alten- und Servicezentrum, Seniorentreff, Altenhilfe, Seniorenstudium, Wohnen im Alter … .
Bringen Sie Ihre Informationen in den Kurs und berichten Sie.

Bildung als Aufgabe der Länder

1 Beim Jugendmigrationsdienst: Sprachkurse und Kinderbetreuung

24 **a** Hören Sie das Gespräch. Welche Aussagen sind richtig? Kreuzen Sie an.

1 Es gibt Sprachenschulen mit Kinderbetreuung, aber der Junge ist noch zu klein. [X]
2 Es gibt städtische, kirchliche und private Kindergärten. [ ]
3 Ihr Mann arbeitet nicht und kann sich am Tag um die Kinder kümmern. [ ]
4 Es gibt keine Tagesmutter, die in der Nähe wohnt. [ ]
5 Das Jugendamt bezahlt die Kinderbetreuung, wenn man nur wenig Geld hat. [ ]
6 Die Kinderkrippe ist nur für ältere Kinder. [ ]
7 Elterninitiativen wollen oft, dass die Eltern in der Küche mithelfen. [ ]

b Hören Sie das Gespräch noch einmal und ergänzen Sie.

ab sechs Wochen | ab der Geburt (2 x) | ab drei Jahren

Elterninitiative	*ab der Geburt*
Tagesmutter	
Kinderkrippe	
Kindergarten	

2 Sollen alle Kinder in den Kindergarten gehen?

a Warum ist das gut? Was meinen Sie? Sprechen Sie im Kurs.

Deutsch | pünktlich sein | früh aufstehen | mit anderen Kindern zusammen spielen | ein bisschen schreiben | ein bisschen rechnen | ein bisschen lesen | …

Die Kinder lernen Deutsch.

Ja, das ist richtig. Und die Kinder können …

b Gibt es in Ihrem Heimatland Kindergärten? Erzählen Sie.

3 Projekt: Gehen Sie zu einem Kindergarten in der Nähe und sammeln Sie Informationen.

Wer bezahlt den Kindergarten (Stadt, Kirche, Privatleute)? – Was kostet ein Platz im Kindergarten? – Wie sind die Öffnungszeiten? – Hat der Kindergarten spezielle Angebote, z. B. Mittagessen, Sprachförderung …? – …

4 Schulpflicht

a Schulpflicht bedeutet, dass alle Kinder 9 Jahre in die Schule gehen müssen. Ist das gut und wichtig? Was meinen Sie? Kreuzen Sie an.

- ☐ Das ist gut und wichtig für alle Kinder. Sie können nach der Schule einen Beruf lernen.
- ☐ Das ist wichtig für die Jungen. Sie können nach der Schule einen Beruf lernen und Geld verdienen. Für die Mädchen ist das nicht wichtig.
- ☐ Das ist wichtig für alle Kinder. Aber 9 Jahre sind zu viel.
- ☐ Mädchen arbeiten zu Hause für die Mutter. Sie brauchen keine Schule.

b Gibt es in Ihrem Heimatland auch eine Schulpflicht? In welcher Form? Erzählen Sie.

In … gehen die Mädchen und Jungen …

5 Bildungspolitik in Deutschland

a Lesen Sie den Text.

In der Bundesrepublik gilt für alle Mädchen und Jungen die Schulpflicht: Ab sechs Jahren müssen alle Kinder in die Schule gehen. Die Eltern müssen für die Schule nichts bezahlen; nur die privaten und manche kirchlichen Schulen kosten Geld. Der Unterricht ist normalerweise nur am Vormittag. Mittags gehen die Kinder nach Hause. Manche Schulen haben einen Hort oder eine Mittagsbetreuung. Dort können die Kinder bis zum Nachmittag bleiben. Sie bekommen ein Mittagessen, danach können sie Hausaufgaben machen und spielen.

In den 16 Bundesländern ist das Schulsystem aber nicht gleich. Zuerst gehen die Kinder vier Jahre in die Grundschule, in manchen Ländern auch sechs Jahre. Nach der Grundschule gibt es verschiedene Möglichkeiten für die Kinder: Sie können auf die Hauptschule gehen oder mit guten Noten auch auf die Realschule oder auf das Gymnasium.

Das neue Schuljahr beginnt nach den Sommerferien. Auch die Schulferien sind in den Ländern unterschiedlich: Das neue Schuljahr beginnt deshalb in manchen Ländern im Juli, in anderen im August oder im September.

b Stimmt das? Kreuzen Sie an: richtig oder falsch?

		richtig	falsch
a	In Deutschland müssen alle Kinder die Schule besuchen.	☒	☐
b	Die Schulen in Deutschland sind normalerweise kostenlos.	☐	☐
c	Der Schulunterricht dauert den ganzen Tag.	☐	☐
d	Wenn es in der Schule einen Hort gibt, können die Kinder auch am Nachmittag in der Schule bleiben.	☐	☐
e	Die Schule ist in allen Bundesländern gleich.	☐	☐
f	Nach der Grundschule kommen alle Kinder auf die Hauptschule.	☐	☐
g	Nach der Grundschule können Kinder mit guten Noten auf das Gymnasium oder auf die Realschule gehen.	☐	☐
h	Jedes Bundesland kann bestimmen, wann Ferien sind.	☐	☐

6 „Mein Kind kann heute nicht in die Schule gehen."

a Sie schreiben eine E-Mail an die Schule. Was geht? Was meinen Sie? Kreuzen Sie an.

1 ☐ Mein Kind möchte heute spielen. Es kann heute nicht in die Schule gehen.

2 ☐ Mein Kind ist müde und möchte heute nicht aufstehen. Es kann heute nicht in die Schule gehen.

3 ☐ Mein Kind arbeitet heute für mich zu Hause. Wir kochen für ein Familienfest. Es kann heute nicht in die Schule gehen.

4 ☐ Mein Kind ist krank. Es kann heute nicht in die Schule gehen.

5 ☐ Mein Kind hat heute Geburtstag. Es kann heute nicht in die Schule gehen.

6 ☐ Das Wetter ist heute sehr schlecht. Ich kann mein Kind heute nicht in die Schule bringen.

7 ☐ Der Vater ist nicht da. Und ich kann mein Kind nicht in die Schule bringen.

8 ☐ Ich bin krank und kann mein Kind heute nicht in die Schule bringen. Morgen bringt eine Freundin mein Kind in die Schule.

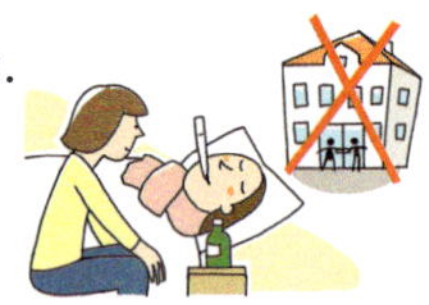

9 ☐ Bei uns ist heute Feiertag. Da kann mein Kind nicht in die Schule gehen.

10 ☐ Meine Eltern kommen heute aus meinem Heimatland. Da kann mein Kind nicht in die Schule gehen.

b Lesen Sie den Text und vergleichen Sie mit Ihren Lösungen in a.

Wann muss mein Kind nicht in die Schule gehen?
- Wenn der Schüler selber krank ist.
- Oder wenn ein Familienmitglied eine gefährliche, ansteckende Krankheit hat. Das erfolgt dann aber auf Anweisung eines Arztes.
- In Ausnahmefällen, wenn der Schulweg aufgrund der Wetterlage zu gefährlich ist (überflutete Straßen, Schlammlawinen usw.) oder der Schulweg nicht zu bewältigen ist (öffentlicher Nahverkehr fällt aus).

7 **Was sind wichtige Themen, wenn man mit der Lehrerin / dem Lehrer des eigenen Kindes spricht? Sortieren Sie (1 = sehr wichtig; 6 = nicht so wichtig). Vergleichen Sie im Kurs – es gibt nicht nur eine Lösung.**

- ☐ *Ist mein Kind pünktlich?*
- ☐ *Hat meine Tochter / mein Sohn die Hausaufgaben gemacht?*
- ☐ *Kann meine Tochter / mein Sohn gut Deutsch / …?*
- ☐ *Meine Tochter / mein Sohn kann nicht so gut Mathematik/ …. Wie kann ich helfen?*
- ☐ *Sie machen im Juli ein Schulfest. Kann ich helfen?*
- ☐ *Hat meine Tochter / mein Sohn Freunde in der Schule?*

8 Ausbildung und Weiterbildung

25–29

a Hören Sie die Aussagen.

Welche Aussagen sind richtig? Kreuzen Sie an.

1. Wenn man die Realschule besucht hat, kann man studieren. ☐
2. Eine Berufsausbildung macht man in einer Firma. Dort lernt man die praktische Arbeit. Man muss aber auch die Berufsschule besuchen. Das nennt man „duales System“. ☒
3. Man kann in Deutschland nur einen Beruf lernen. Man bleibt das ganze Leben in diesem Beruf. ☐
4. Man kann auch eine eigene Firma gründen. Dabei hilft die Agentur für Arbeit. ☐
5. Ein Studium im Ausland ist eine Garantie für einen Arbeitsplatz in Deutschland. ☐

Jasmin

Janik

Hermann

Kinga

Svenja

b Ergänzen Sie die Tabelle.

~~Ersatzdienst~~ | 35 | Übersetzerin | Quali | 16 | Bürokaufmann | Fachakademie | selbstständig sein | 18 | Hauptschule | ~~Abitur~~ | Buchhändler | 38 | ~~Gymnasium~~ | 22 | Erzieherin | Zahnarzthelferin

	Janik	Jasmin	Hermann	Svenja	Kinga
Alter	*18*				
Schule	*Gymnasium*				
Schulabschluss	*Abitur*				
Tätigkeit/Beruf	*Ersatzdienst*				
Berufsziel					

c Schule und Ausbildung in Ihrem Heimatland: Notieren Sie Informationen und berichten Sie im Kurs.

9 Bei der Migrationsberatung für Erwachsene: Ausbildung und Weiterbildung

30 **a** Hören Sie das Gespräch. Kreuzen Sie die Bilder an, zu denen etwas im Gespräch gesagt wird.

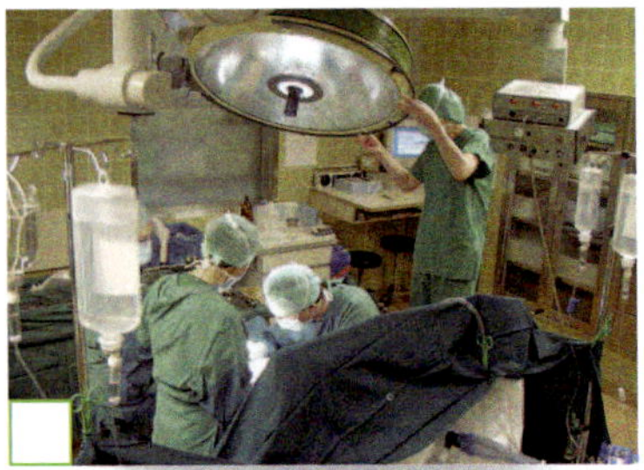

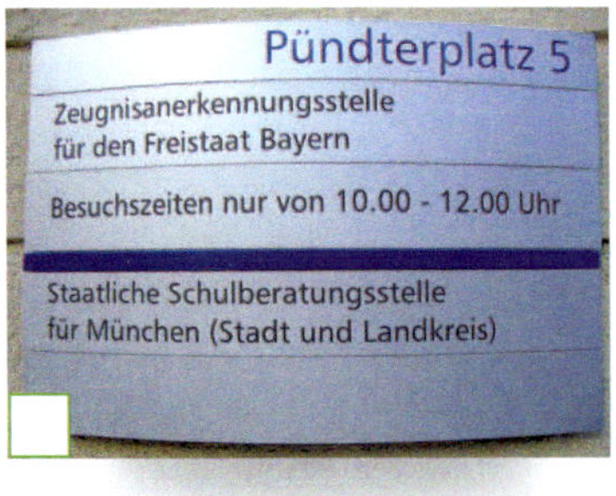

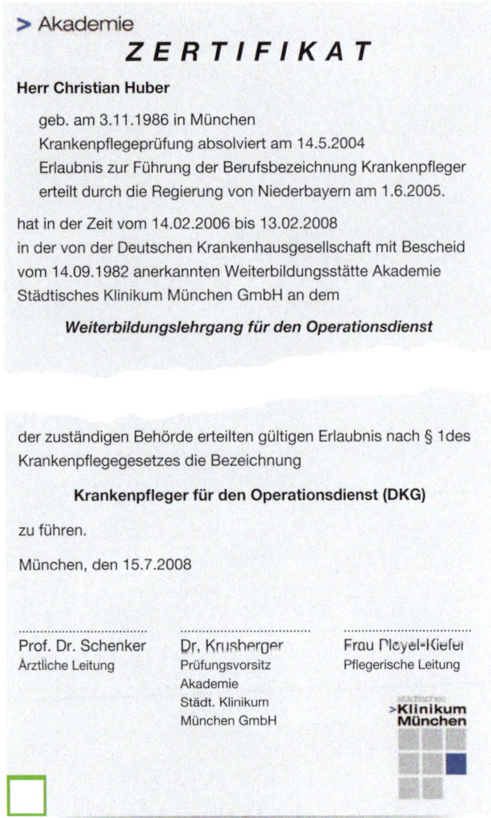

> Akademie

ZERTIFIKAT

Herr Christian Huber

geb. am 3.11.1986 in München
Krankenpflegeprüfung absolviert am 14.5.2004
Erlaubnis zur Führung der Berufsbezeichnung Krankenpfleger erteilt durch die Regierung von Niederbayern am 1.6.2005.

hat in der Zeit vom 14.02.2006 bis 13.02.2008 in der von der Deutschen Krankenhausgesellschaft mit Bescheid vom 14.09.1982 anerkannten Weiterbildungsstätte Akademie Städtisches Klinikum München GmbH an dem

Weiterbildungslehrgang für den Operationsdienst

der zuständigen Behörde erteilten gültigen Erlaubnis nach § 1des Krankenpflegegesetzes die Bezeichnung

Krankenpfleger für den Operationsdienst (DKG)

zu führen.

München, den 15.7.2008

Prof. Dr. Schenker
Ärztliche Leitung

Dr. Krusberger
Prüfungsvorsitz
Akademie
Städt. Klinikum
München GmbH

Frau Pleyel-Kiefer
Pflegerische Leitung

>Klinikum München

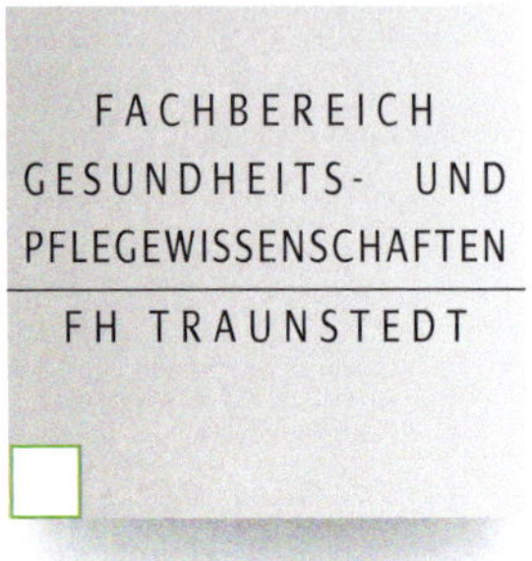

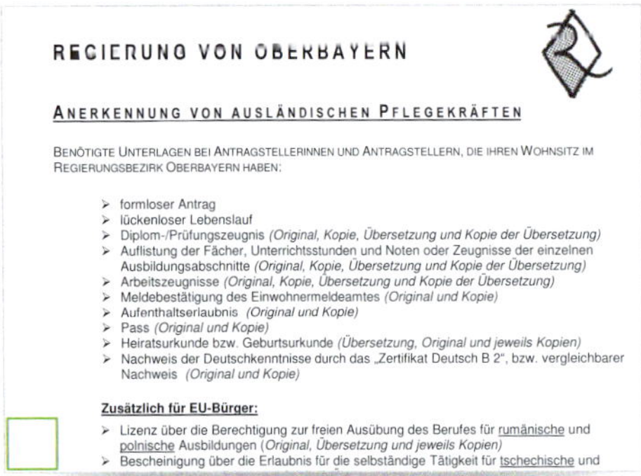

REGIERUNG VON OBERBAYERN

ANERKENNUNG VON AUSLÄNDISCHEN PFLEGEKRÄFTEN

BENÖTIGTE UNTERLAGEN BEI ANTRAGSTELLERINNEN UND ANTRAGSTELLERN, DIE IHREN WOHNSITZ IM REGIERUNGSBEZIRK OBERBAYERN HABEN:

- formloser Antrag
- lückenloser Lebenslauf
- Diplom-/Prüfungszeugnis *(Original, Kopie, Übersetzung und Kopie der Übersetzung)*
- Auflistung der Fächer, Unterrichtsstunden und Noten oder Zeugnisse der einzelnen Ausbildungsabschnitte *(Original, Kopie, Übersetzung und Kopie der Übersetzung)*
- Arbeitszeugnisse *(Original, Kopie, Übersetzung und Kopie der Übersetzung)*
- Meldebestätigung des Einwohnermeldeamtes *(Original und Kopie)*
- Aufenthaltserlaubnis *(Original und Kopie)*
- Pass *(Original und Kopie)*
- Heiratsurkunde bzw. Geburtsurkunde *(Übersetzung, Original und jeweils Kopien)*
- Nachweis der Deutschkenntnisse durch das „Zertifikat Deutsch B 2", bzw. vergleichbarer Nachweis *(Original und Kopie)*

Zusätzlich für EU-Bürger:

- Lizenz über die Berechtigung zur freien Ausübung des Berufes für rumänische und polnische Ausbildungen (*Original, Übersetzung und jeweils Kopien)*
- Bescheinigung über die Erlaubnis für die selbständige Tätigkeit für tschechische und

b Hören Sie das Gespräch noch einmal. Welche Aussagen sind richtig? Kreuzen Sie an.

a Wenn man in Deutschland in seinem Beruf arbeiten möchte, muss man die Abschlusszeugnisse übersetzen und anerkennen lassen. ☐

b Man kann sich neben dem Beruf z.B. an einer Fachhoch- oder Volkshochschule weiterbilden. ☐

c Weiterbildungskurse an den Volkshochschulen sind kostenlos. ☐

d Mit einem Hochschulzeugnis kann man automatisch als Chef/Chefin arbeiten. ☐

e Lebenslanges Lernen ist für den beruflichen Weg wichtig. ☐

10 Projekt: Anerkennung der Zeugnisse

Was sind Sie von Beruf? Wird Ihr Beruf in Deutschland voll anerkannt oder müssen Sie zusätzliche Weiterbildungskurse oder Prüfungen machen? Wo können Sie solche Kurse besuchen und was kosten sie? Informieren Sie sich bei Stellen, die für die Anerkennung in Ihrem Bundesland zuständig sind und berichten Sie im Kurs.

1 Konfessionen, Kirchen und der deutsche Staat

Lesen Sie den Text. Welche Aussagen sind richtig? Kreuzen Sie an.

In Deutschland sind die Kirche und der Staat getrennt. Das Verhältnis zwischen beiden ist aber partnerschaftlich. Der Staat darf nicht über die Inhalte der Kirche bestimmen, er muss die Religionsfreiheit beachten. Die Religionsfreiheit ist in Deutschland durch das Grundgesetz geschützt.

Die katholische und die evangelische Kirche spielen eine große Rolle im öffentlichen Leben; vor allem sind sie Träger sozialer Einrichtungen wie Krankenhäuser und Kindergärten. In den staatlichen Schulen gibt es katholischen und evangelischen Religionsunterricht. Man diskutiert schon lange, ob es auch islamischen Religionsunterricht geben soll. Wenn ein Kind nicht am Religionsunterricht teilnehmen will, besucht es den Ethik-Unterricht. Der Staat überwacht den Religionsunterricht. Die Religionslehrer haben eine staatliche Ausbildung.

Obwohl Staat und Kirche getrennt sind, dürfen die Kirchen Kirchensteuer erheben. Wenn man Mitglied in der katholischen oder in der evangelischen Kirche ist, bezahlt man sie direkt mit der staatlichen Steuer an das Finanzamt.

Die größten Glaubensgruppen in Deutschland sind die evangelische und die römisch-katholische Kirche mit je ca. 27 Millionen Mitgliedern. Weiter leben in Deutschland rund drei Millionen Menschen muslimischen Glaubens (Islam). Die jüdische Glaubensgemeinschaft hat ca. 100 000 Mitglieder. Weitere Religionsgemeinschaften sind z. B. die Freikirchen (evangelisch-methodistische Kirche, Baptisten usw.), die griechisch-orthodoxe Kirche, Hindus und Buddhisten.

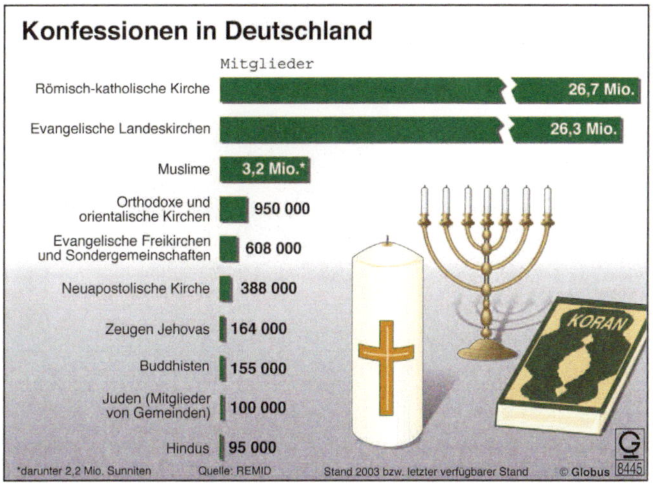

a In Deutschland arbeiten der Staat und die Kirche als Partner zusammen, z. B. bei der Kirchensteuer. [X]
b Der Staat darf sich in die Lehre der Kirchen einmischen. [ ]
c Das Grundgesetz garantiert in Deutschland die Religionsfreiheit. [ ]
d Die Kirche ist für die Kindergärten zuständig, der Staat für die Schulen. [ ]
e In der Schule müssen die Kinder am katholischen oder evangelischen Religionsunterricht teilnehmen. [ ]
f In Deutschland müssen alle Menschen Kirchensteuer bezahlen. [ ]
g Die römisch-katholische und die evangelische Kirche haben die meisten Mitglieder. [ ]
h Zu den weiteren großen Glaubensgruppen gehören Muslime und Juden. [ ]

2 Woran glauben die Deutschen? Hören Sie die Umfrage und notieren Sie kurz.

31

	Person 1	Person 2	Person 3	Person 4
Gläubig (ja/nein)?	*ja*			
Kirche	*evangelisch/ katholisch*			

3 Sind Sie gläubig? Welcher Religion gehören Sie an?

Machen Sie im Kurs eine Strichliste. Welche Religion ist in Ihrem Kurs am stärksten vertreten?

4 Sehen Sie sich das Bild an.

Was feiern die Menschen auf dem Bild?
Was meinen Sie?
Wie feiern Sie dieses Ereignis in Ihrem Land?

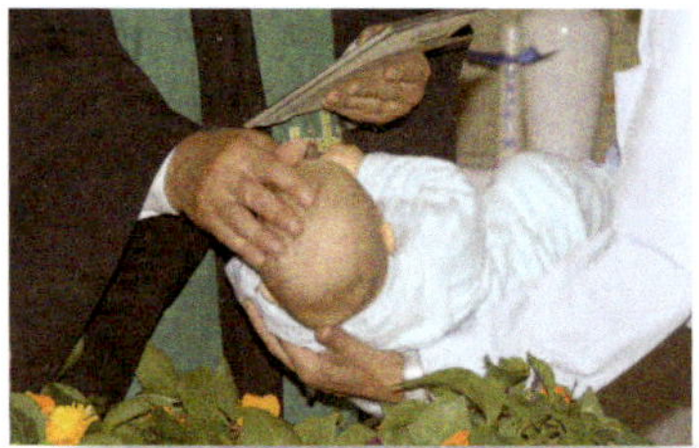

5 Christliche Feste in Deutschland

a Welche Feste feiert man? Verbinden Sie.

1

2

3

4

a Mit diesem Fest feiern Christen die Geburt Jesu von Nazaret in Bethlehem.

Fronleichnam
Weihnachten
Ostern
Heilige Drei Könige

c Das katholische Fest heißt offiziell „Hochfest des Leibes und Blutes Christi“. Die Gläubigen ziehen in einer Prozession durch die Stadt.

b Das Fest erinnert an den Besuch der Heiligen Drei Könige an der Jesus-Krippe. Die Bibel berichtet, die Weisen aus dem Orient brachten als Geschenke Gold, Weihrauch und Myrrhe mit.

d Mit diesem Fest erinnern sich Christen an die Auferstehung Jesu von Nazaret vom Tod. Es ist das höchste und wichtigste Fest der Christen.

b Welche christlichen Feste sind in Ihrem Bundesland offizielle Feiertage? Kreuzen Sie an.

Feiertag	Datum	Feiertag	Datum
☐ Neujahrstag*	1. Januar	☐ Fronleichnam	beweglich; Mai /Juni
☐ Heilige Drei Könige	6. Januar	☐ Mariä Himmelfahrt	15. August
☐ Karfreitag	beweglich; Freitag vor Ostern	☐ Tag der Deutschen Einheit*	3. Oktober
☐ Ostersonntag und Ostermontag	beweglich; März / April	☐ Reformationstag	31. Oktober
☐ Maifeiertag (Tag der Arbeit)*	1. Mai	☐ Allerheiligen	1. November
☐ Christi Himmelfahrt	beweglich; Mai / Juni	☐ Buß- und Bettag	beweglich; November
☐ Pfingstsonntag und Pfingstmontag	beweglich; Mai / Juni	☐ Erster Weihnachtstag	25. Dezember
		☐ Zweiter Weihnachtstag	26. Dezember

* staatliche Feiertage

c Wie feiert man Weihnachten und Ostern in Deutschland? Kennen Sie einige Bräuche? Sammeln Sie im Kurs.

6 Meine Religion

a Welcher Religion gehören Sie an? Machen Sie ein Assoziogramm.

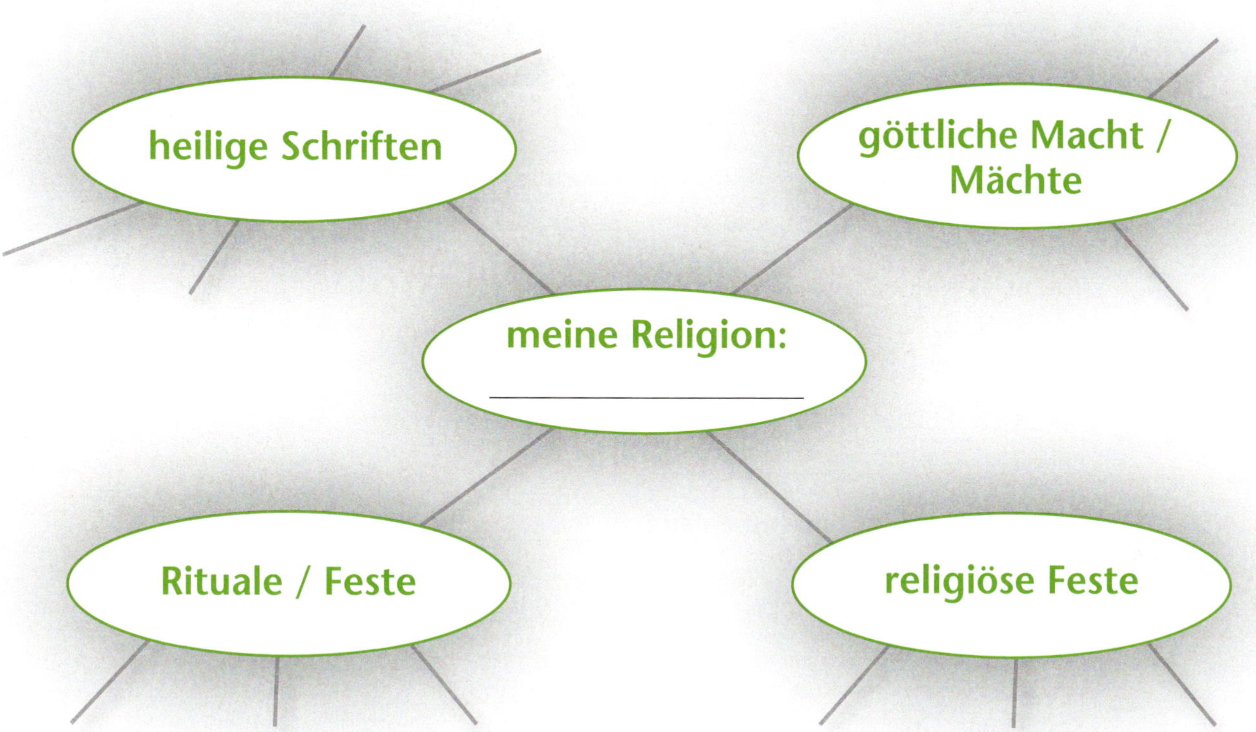

b Präsentieren Sie das Assoziogramm und vergleichen Sie Kurs.

- Also: Meine Religion ist …
- Bei uns gibt es …
- Wir haben eine wichtige heilige Schrift. Das ist …
- Ein Ritual, das für mich sehr wichtig ist, ist …
- Für uns sind viele Feste sehr wichtig, zum Beispiel …

7 Projekt: Welche religiösen Feiertage gibt es in Ihrem Land?

Machen Sie einen interkulturellen Kalender. Tragen Sie dort die wichtigsten (religiösen) Feiertage aus den Kulturen in Ihrem Kurs ein. Gibt es typische Bräuche? Erzählen Sie.

3 Typisch deutsch

1 Typisch deutsch?

a Sehen Sie sich die Bilder aus Deutschland an. Was ist typisch für die deutsche Kultur? Sprechen Sie darüber im Kurs.

b Was ist nach Ihrer Meinung typisch für die deutsche Kultur? Sammeln Sie im Kurs.

Landschaft | Kleidung | Regeln | Essen und Trinken | Freizeit | Feste und Bräuche | …

c Auf welchen Bildern in Aufgabe a finden Sie Situationen, in denen Streit oder Konflikte entstehen könnten? Sprechen Sie darüber im Kurs.

2 Projekt: Meine Kultur in Deutschland

a Was ist Ihrer Meinung nach typisch für Ihre Kultur? Was halten andere Menschen, z. B. Ihre deutschen Freunde, für typisch in Ihrer Kultur? Bringen Sie Bilder und/oder Fotos in den Kurs und erzählen Sie.

b Welche Zeichen Ihrer Kultur finden Sie in Deutschland / in Ihrer Stadt? Denken Sie z.B. an Restaurants, Geschäfte, Musik oder Produkte, die man in Deutschland kaufen kann. Gibt es Wörter aus Ihrer Sprache im Deutschen? Bringen Sie Beispiele mit und präsentieren Sie sie im Kurs. Was vermissen Sie von Ihrer Kultur in Deutschland? Erzählen Sie.

3 Interkulturelle Konflikte

a Lesen Sie die Texte. Welche Überschrift passt? Ordnen Sie zu.

a **Aus für Moschee in Sendling**

b Diskriminierung hauptsächlich im Beruf und auf Ämtern

c Dauernde Nachbarschaftskonflikte gelöst

1 ___
Gestern wurde der Jahresbericht der Beschwerdestelle für Diskriminierung vorgestellt. So gab es im vergangenen Jahr fast jeden Tag eine Beschwerde, die Hälfte davon war auf Diskriminierung zurückzuführen. Am häufigsten fühlten sich Menschen wegen ihrer Herkunft diskriminiert. Die meisten Diskriminierungen fanden am Arbeitsplatz oder auf städtischen Ämtern statt.

2 ___
Auf der gestrigen Sitzung des Bezirksausschusses haben sich Anwohner gegen den Betrieb einer Moschee in den Räumen der ehemaligen „Ganghofer"-Sauna ausgesprochen, da sie sich durch Parkplatzsucher gestört fühlen. Trotz der Aussage des Zentrum-Vorsitzenden, dass das Gebäude nicht umgebaut werden solle und man kein Minarett bauen wolle, stimmten die Bewohner des Viertels gegen die Moschee.

3 ___
Auf der Mieterversammlung in der Westendstraße forderten die Teilnehmer die Vergrößerung der Hof- und Grünflächen. Zu den Forderungen der Mieter gehörten die Errichtung kleiner Vorgärten, Teppichstangen und Wasserhähne in den Höfen. Dadurch würde man mehr Platz für alltägliche Arbeiten und Freizeit gewinnen. Diese Vorschläge wurden mit einer Moderatorin erarbeitet, die wegen der dauernden Nachbarschaftskonflikte eingeschaltet worden war.

b Wer kann helfen? Ordnen Sie zu. (Manchmal sind mehrere Antworten möglich.)

1 Streit und Gewalt unter Jugendlichen in der Schule
2 Benachteiligung am Arbeitsplatz
3 Konflikte mit den Nachbarn
4 Benachteiligung bei Ämtern und Behörden

a Anti-Diskriminierungsstelle
b Quartiersmediatoren
c Schülermediatoren
d Beratungsstelle der Gewerkschaft

1 Begrüßungen

a Sehen Sie sich die Illustrationen an. Wie begrüßt man sich in Ihrem Heimatland?

A ☐ 

B ☐ 

C ☐ 

D ☐ 

E ☐ 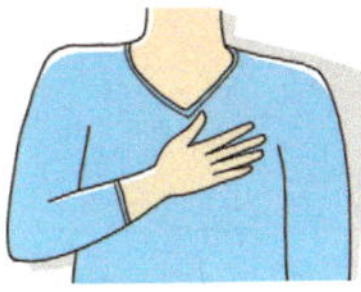

F ☐ 

G ☐ 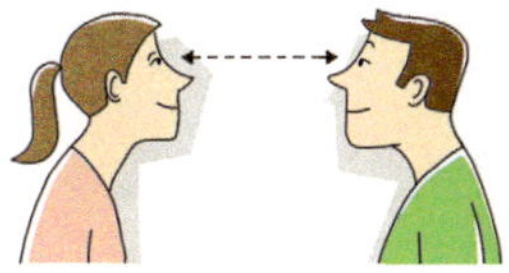

H ☐ 

I ☐ 

J ☐ 

K ☐ 

L ☐ oder ...

b Wie begrüßt man sich in Deutschland? Schreiben Sie.

A ______________________________

2 Lesen Sie den Text. Gelten diese Regeln auch in Ihrem Heimatland? Erzählen Sie.

1 „Begrüßen" ist immer der Ausdruck von Respekt gegenüber dem anderen und eine Bekundung der friedlichen Absicht, mit der man sich dem anderen nähert. In verschiedenen Kulturen haben sich diese Rituale unterschiedlich ausgeprägt. Im interkulturellen Kontext muss man sich auf sein Gegenüber einstellen.

2 In Deutschland gibt es mehrere unterschiedliche Formen des Begrüßens. Diese Konventionen erleichtern den Umgang mit den Mitmenschen. Neben allgemein gültigen Formen haben auch bestimmte Gruppen ihre eigenen Konventionen.

3 Wie heißt das in Ihrer Sprache? Schreiben Sie.

Grüß Gott! ______________________________

Guten Morgen! ______________________________

Guten Tag! ______________________________

4 Im Kurs: Begrüßen Sie die anderen mit den Begrüßungen A–L aus 1a.

5 Alles, was man macht, ist falsch!

a Lesen Sie die Geschichte.

b Was macht der junge Mann „falsch"? Sammeln Sie im Kurs.

c In jeder Gesellschaft gibt es bestimmte Regeln. Wie verhält man sich in diesen Situationen in Deutschland „richtig"? Diskutieren Sie im Kurs.

6 Kindergeburtstag

32 Hören Sie das Gespräch und kreuzen Sie an, was Sie gehört haben.

- a Kindergeburtstage sind in Deutschland nicht wichtig. ☐
- b Meistens bekommen die Kinder schriftliche Einladungen zu Kindergeburtstagen. ☐
- c Wenn man zu einem Kindergeburtstag eingeladen ist, muss man sagen, ob man kommt. ☐
- d Manche Familien schenken Geschenkgutscheine. Dann kann sich das Kind später selbst ein Geschenk aussuchen. ☐

7 Redewendungen und Verhaltensregeln

Redewendungen spiegeln oft bestimmte kulturelle „Regeln" und „Gesetze" in einer Gesellschaft wider. So zeigt manchmal auch die Sprache selbst, wie man sich verhalten soll.

a Was bedeuten die Redewendungen und Ausdrücke? Erklären Sie.

- ☐ *erst die Arbeit, dann das Vergnügen*
- ☐ *etwas auf den Punkt bringen*
- ☐ *Vitamin B*
- ☐ *eins nach dem anderen*
- ☐ *beleidigte Leberwurst*
- ☐ *Zeit ist Geld*
- ☐ *auf die Minute genau*

b Welche Situation passt? Ordnen Sie sie den Redewendungen in a zu.

1 Samira ist neu im Beratungsteam des Familientreffs. Bei der ersten Teamsitzung stellt sie ihren neuen Fall vor. Sie erzählt aber sehr lange. Die Kolleginnen werden nervös und die Chefin unterbricht Samira schließlich: „Bitte erzählen Sie nur das Wichtigste."

2 Néji und sein Kollege Otto hatten einen kleinen Streit. Otto wollte das Problem im Gespräch klären, aber Néji spricht drei Wochen nicht mehr mit seinem Kollegen.

3 Jorge besucht in Deutschland einen Sprachkurs und will später studieren. Er lernt einen Deutschen kennen, der bei Siemens arbeitet. Jorge sagt zu ihm: „Sprich mit deinem Chef bei Siemens. Du musst mir helfen, dass ich bei Siemens einen Job bekomme."

4 Rosa hat einen Termin beim Sozialamt. Auf dem Weg dahin trifft sie eine Freundin, die sie lange nicht gesehen hat. Sie gehen zusammen einen Kaffee trinken. Rosa kommt deswegen zwanzig Minuten zu spät zum Sozialamt.

5 Christina und Emeka ziehen um. Während Christina schon eine Woche im Voraus eine Liste vorbereitet hat, was beim Umzug zu erledigen ist, ruft Emeka am Abend vor dem Umzug seine Freunde an, damit sie helfen. Zehn Freunde wollen kommen. Am nächsten Tag kommen, über den Tag verteilt, fünf Freunde. Christina findet den Umzug sehr chaotisch, weil sich keiner an ihren Plan hält.

6 Jurij und sein deutscher Freund Alexander wollen ein Internet-Café eröffnen. Sie treffen sich jeden Abend in ihrem neuen Laden. Dort gibt es viel zu tun: Möbel aufbauen, Computer installieren usw. Aber Jurij telefoniert dort oft mit seiner Freundin und hilft nicht. Alexander streitet deswegen mit ihm.

7 In Mahmuts Bad müssen ein paar Kacheln ausgetauscht werden. Er bestellt einen Handwerker. Während der Arbeit unterhält sich Mahmut mit ihm; der Handwerker kann nur langsam arbeiten. Zum Schluss lädt Mahmut ihn zum Kaffee ein. Der Handwerker sagt Nein. Er hat keine Zeit, denn er hat weitere Aufträge.

8 Welche Unterschiede gibt es zwischen den Verhaltensregeln in Deutschland und in Ihrem Land? Erzählen Sie.

9 Wohnen in Deutschland

a Sehen Sie sich die Fotos A–F an. Was passt? Ordnen Sie die Illustrationen 1–6 zu.

1 2 3 4 5 6

☐ A 

☐ B 

☐ C 

☐ D 

☐ E 

☐ F 

b Ist das erlaubt? Was meinen Sie? Kreuzen Sie an. Vergleichen Sie im Kurs.

Foto	A	B	C	D	E	F
ja	☐	☐	☐	☐	☐	☐
nein	☐	☐	☐	☐	☐	☐

c 1 Was ist immer verboten?

2 Was ist 22:00 – 6:00 Uhr verboten (Nachtruhe).

3 Was ist am Sonntag 8:00 Uhr (Ruhezeit) verboten? Notieren Sie.

d Was ist in Ihrem Heimatland anders? Sprechen Sie darüber im Kurs.

Es ist nicht verboten ...

e A–F sind in vielen Häusern in Deutschland verboten. Wie ist das für Sie? Kreuzen Sie an.

☺ ☐ Ich kenne und verstehe die Regeln. So zu wohnen ist gut.

😐 ☐ Ich kenne und verstehe die Regeln. So zu wohnen ist aber nicht so gut.

☹ ☐ Ich verstehe das nicht. So zu wohnen ist nicht gut.

10 Wo lesen Sie die Regeln? Kreuzen Sie an.

☐ Hausordnung

☐ Mietvertrag

☐ Anzeige

11 „Ich möchte schlafen."

a Sehen Sie sich das Foto und die Illustration rechts an. Beschreiben Sie die Situation.

b Besprechen Sie im Kurs, wie man auf die Situation in a reagieren kann.
Wie würden Sie reagieren? Kreuzen Sie an.

1 ☐

2 ☐

3 ☐

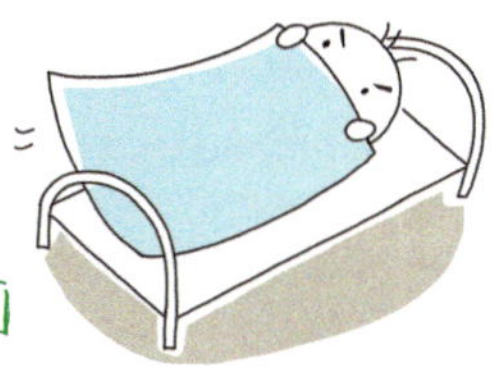
4 ☐

5 ☐

6 ☐

c Wie beurteilen Sie die Reaktionen in b? Kreuzen Sie an. Was für Vorteile, was für Nachteile haben die Reaktionen 1–6? Sprechen Sie im Kurs.

Lösung	1	2	3	4	5	6
sehr gut	☐	☐	☐	☐	☐	☐
gut	☐	☐	☐	☐	☐	☐
nicht gut	☐	☐	☐	☐	☐	☐

Reaktion 1 ist nicht gut, weil …

Doch. Reaktion 1 finde ich gut. …

12 Quiz: „Leben in Deutschland“ für Fortgeschrittene

a Wie verhalten Sie sich in diesen Situationen? Kreuzen Sie an.

1 Sie sind zufällig in der Straße, in der Ihr deutscher Freund / Ihre deutsche Freundin wohnt. Sie überlegen, ihn/sie spontan zu besuchen.

a ☐ Sie rufen ihn/sie von Ihrem Handy kurz an und fragen, ob Sie vorbeikommen können.
b ☐ Sie gehen direkt dorthin, ohne Vorankündigung.

2 Sie sind um 19 Uhr zum Essen bei Freunden eingeladen.

a ☐ Sie kommen pünktlich um 19 Uhr.
b ☐ Sie lassen sich Zeit und kommen erst eine Stunde später.

3 Ihr Freund / Ihre Freundin feiert seinen/ihren Geburtstag und macht eine große Party.

a ☐ Sie lassen Ihrem Freund / Ihrer Freundin genug Zeit für die Vorbereitungen und kommen eine halbe Stunde später.
b ☐ Sie möchten nichts verpassen und kommen daher eine Viertelstunde früher.

4 Sie sind umgezogen und feiern in Ihrer neuen Wohnung ein Fest.

a ☐ Sie werfen allen Nachbarn eine Einladungskarte in den Briefkasten, auf der Sie auch um Verständnis bitten, falls es am späteren Abend laut werden sollte.
b ☐ Sie hängen ein Schild mit dem Wort „Willkommen“ an die Tür und hoffen, dass auch die Nachbarn kommen.

5 Nach dem Fest ist das Treppenhaus schmutzig. Ihr Nachbar hat diese Woche Putzdienst im Treppenhaus.

a ☐ Sie putzen am nächsten Morgen das Treppenhaus.
b ☐ Sie tun nichts. Schließlich hatten Sie letzte Woche Putzdienst.

6 Ihre Freunde haben ein Kind bekommen. Sie möchten sie besuchen.

a ☐ Sie bringen einen Blumenstrauß für die Mutter und ein kleines Geschenk für das Baby mit.
b ☐ Sie kaufen keine Geschenke, denn das Baby hat noch nichts davon.

7 Sie essen mit Freunden im Restaurant und möchten zeigen, dass es Ihnen schmeckt.

a ☐ Sie sagen: „Also mein/e ... ist wirklich sehr lecker! Und wie schmeckt es euch?“
b ☐ Sie schmatzen laut und sagen: „Schmeckt es euch auch?“

8 Sie sind erkältet und möchten sich in der Öffentlichkeit die Nase putzen.

a ☐ Sie versuchen, es diskret zu tun.
b ☐ Sie schnauben laut und aus vollen Kräften. Sie wollen ja schließlich gesund werden.

9 Sie waren mit Ihrer Familie in einem Restaurant essen und möchten zahlen.

a ☐ Sie bezahlen die Rechnung und geben der Bedienung etwas Trinkgeld (etwa fünf Prozent von der Summe).
b ☐ Sie bezahlen das, was auf der Rechnung steht.

10 Sie finden Ihre Nachbarin nett und möchten ihr das „Du“ anbieten.

a ☐ Sie bieten das „Du“ nicht an, denn Ihre Nachbarin ist älter als Sie und eine Frau.
b ☐ Es ist egal, ob sie älter oder jünger, Mann oder Frau ist. Sie finden sie nett, deshalb bieten Sie ihr das „Du“ an.

11 Ihr Sohn kann morgen Nachmittag nicht zum Fußballtraining kommen, weil er am Abend plötzlich Fieber bekommen hat. Es ist schon nach 22 Uhr.

a ☐ Sie rufen den Trainer am nächsten Tag an.
b ☐ Sie rufen den Trainer gleich an, damit Sie es nicht vergessen.

12 Sie sind zu Hause und das Telefon klingelt.

a ☐ Sie heben ab und melden sich mit Ihrem Nachnamen.
b ☐ Sie heben ab und sagen: „Hallo?“

13 Im Sprachkurs niest Ihr Nachbar / Ihre Nachbarin.

a ☐ Sie sagen: „Gesundheit!“
b ☐ Sie sagen: „Gute Besserung!“

b Zählen Sie, wie oft Sie die Antwort a angekreuzt haben, und lesen Sie die Auswertung.

Haben Sie mehr als neunmal die Antwort a angekreuzt?
Herzlichen Glückwunsch! Sie sind ein Experte! Sie wissen, was sich wann gehört, und sogar einige Deutsche könnten von Ihnen lernen, wie man sich in Deutschland verhalten soll.

Haben Sie neun- bis fünfmal die Antwort a angekreuzt?
Ziemlich gut. Aber noch nicht wirklich perfekt! Etwas Übung fehlt Ihnen noch, aber Sie sind auf dem richtigen Weg.

Haben Sie weniger als fünfmal die Antwort a angekreuzt?
Mit den Verhaltensregeln kennen Sie sich leider noch nicht richtig aus. Aber keine Angst: Was noch nicht ist, kann ja noch werden! Auf jeden Fall brauchen Sie noch Übung.

1 Deutsche Regionen zum Nachschlagen und Ergänzen (→ Seiten 54–56)

Bundesland	Wichtige Regionen	Landschaften	Sprachen/ Dialekte	Spezialitäten
Baden-Württemberg	Baden Württemberg ...	Schwarzwald Schwäbische Alb ...	Alemannisch Schwäbisch ...	Schwarzwälder Kirschtorte Kässpätzle Maultaschen ...
Bayern	Allgäu Franken Oberbayern ...	Allgäuer Alpen Bayerische Alpen Spessart ...	Schwäbisch Fränkisch Bairisch ...	Nürnberger Lebkuchen Weißwürste ...
Berlin	...	Müggelsee ...	Berlinisch ...	Currywurst ...
Brandenburg	...	Uckermark Spreewald Havelland ...	Brandenburgisch Sorbisch ...	Gurken Pellkartoffeln mit Quark und Leinöl ...
Bremen	...	...	...	Rote Grütze ...
Hamburg	...	...	Plattdeutsch ...	Aalsuppe ...
Hessen	Rhein-Main-Gebiet Nordhessen ...	Taunus Hessische Rhön ...	Hessisch ...	Handkäs „mit Musik" ...
Mecklenburg-Vorpommern	Vorpommern ...	Mecklenburgische Seenplatte Ostseeküste ...	Plattdeutsch ...	...
Niedersachsen	Ostfriesland ...	Nordseeküste Wattenmeer Lüneburger Heide Harz ...	Plattdeutsch Hochdeutsch ...	Labskaus Grünkohl Tee ...
Nordrhein-Westfalen	Westfalen Rheinland Ruhrgebiet ...	Sauerland Eifel Münsterland ...	Kölsch Ruhrpottdeutsch ...	Rheinischer Sauerbraten ...
Rheinland-Pfalz	Rheinland Pfalz ...	Hunsrück Eifel Pfälzer Wald ...	Pfälzisch Rheinhessisch ...	Saumagen Rheinischer Sauerbraten ...
Saarland	...	Saartal Bliesgau ...	Moselfränkisch ...	Dibbelabbes ...
Sachsen	...	Erzgebirge Elbsandsteingebirge Vogtland ...	Sächsisch ...	Dresdner Stollen ...
Sachsen-Anhalt	...	Harz ...	...	Baumkuchen ...
Schleswig-Holstein	Nordfriesland ...	Wattenmeer und Halligen ...	Plattdeutsch Dänisch Friesisch	Labskaus ...
Thüringen	...	Thüringer Wald ...	...	Thüringer Rostbratwürste ...

2 Lebensformen in Deutschland (→ Seiten 58–63)

Die Lebensformen im heutigen Deutschland sind vielfältig. Kinder wachsen nicht mehr nur in der traditionellen Familie auf. Aber auch für das Alter gibt es verschiedene Lebensformen.

Familien	traditionelle Familie ǀ Großfamilie ǀ Familie mit Hausmann ǀ Patchworkfamilie ǀ alleinerziehende Mutter / alleinerziehender Vater ǀ gleichgeschlechtliche Lebenspartnerschaft ǀ in Partnerschaft lebend
weitere Lebensformen	Single ǀ kinderlose Partnerschaft ǀ Wohngemeinschaft

3 Aufgaben der Familie

Die wichtigsten Aufgaben der Familien sind die erzieherische und die wirtschaftliche Aufgabe (Schutz und Fürsorge).

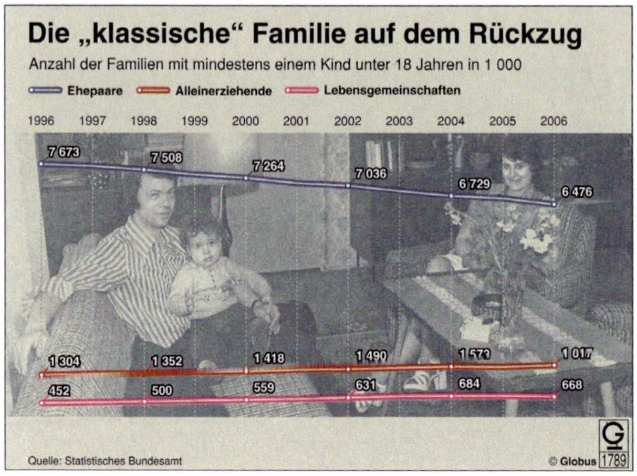

4 Ausbildung (→ Seiten 64–68)

Das deutsche Schulsystem:

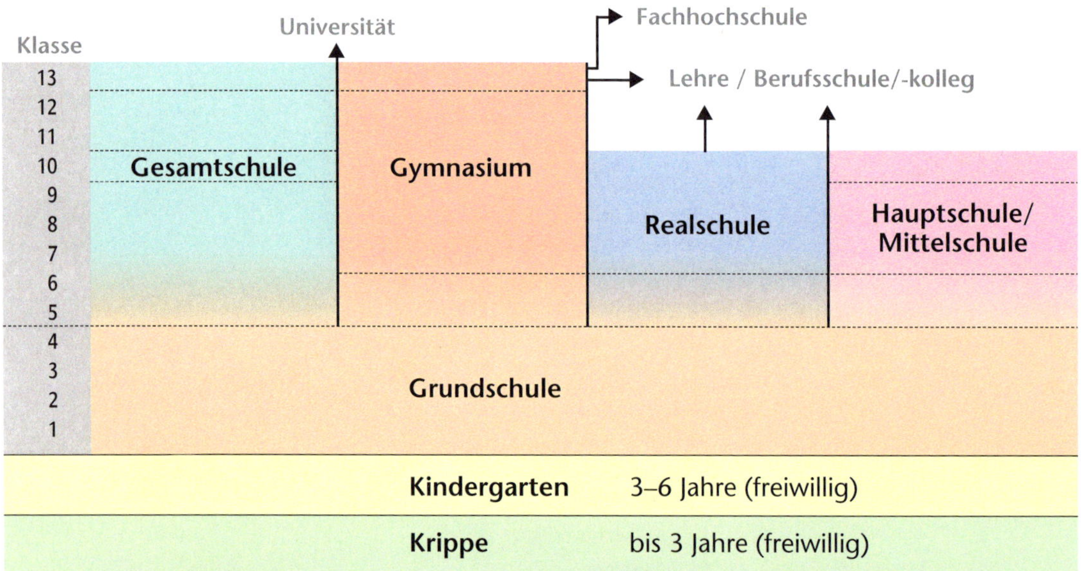

Berufswahl und Ausbildung:
Hier hilft das Berufsausbildungszentrum (BIZ) der Agentur für Arbeit.

Lebenslanges Lernen – Möglichkeiten der Weiterbildung:
Umschulung bei der Bundesagentur für Arbeit, Fernstudium, Zusatzqualifikation, betriebliche Weiterbildung, Abendschulen zum Nachholen von Schulabschlüssen

5 Konfessionen, Staat und Kirche (→ Seiten 69–71)

Große Religionsgemeinschaften in Deutschland:

Christen	26,7 Millionen (römisch-katholische Kirche)
	26,3 Millionen (evangelische Kirche)
	1 Million (weitere Kirchen)
	950.000 (orthodoxe und orientalische Kirchen)
Muslime	3,2 Millionen
Buddhisten	155.000
Juden	100.000
Hindus	95.000

Verhältnis von Staat und Kirche

partnerschaftlich: Staat und Kirche arbeiten auf vielen Gebieten zusammen.

Staat

- garantiert die Religionsfreiheit
- erhebt Kirchensteuer (von Mitgliedern der katholischen und evangelischen Kirche)
- überwacht den Religionsunterricht an den Schulen
- Religionslehrer/innen sind beim Staat angestellt

Kirche (soziale Aufgaben)

Trägerin von
- Wohlfahrtsverbänden (Caritas, katholisch; Diakonie, evangelisch) → Seite 21
- Kindergärten → Seite 49
- Krankenhäusern
- eigenen Schulen

6 Feiertage (Zum Nachschlagen) (→ Seite 70)

Feiertag	Wann?	Wo? – Was für ein Feiertag?
Neujahrstag	1. Januar	ganz Deutschland, staatlich
Heilige Drei Könige	6. Januar	einige Bundesländer, katholisch
Karfreitag	beweglich; Freitag vor Ostern	ganz Deutschland, kirchlich
Ostersonntag und Ostermontag	beweglich; März / April	ganz Deutschland, kirchlich
Maifeiertag (Tag der Arbeit)	1. Mai	ganz Deutschland, staatlich
Christi Himmelfahrt	beweglich; Mai / Juni	ganz Deutschland, kirchlich
Pfingstsonntag und Pfingstmontag	beweglich; Mai / Juni	ganz Deutschland, kirchlich
Fronleichnam	beweglich; Mai / Juni	einige Bundesländer, katholisch
Mariä Himmelfahrt	15. August	Bayern, Saarland, katholisch
Tag der Deutschen Einheit	3. Oktober	ganz Deutschland, Nationalfeiertag
Reformationstag	31. Oktober	einige Bundesländer, evangelisch
Allerheiligen	1. November	einige Bundesländer, katholisch
Buß- und Bettag	beweglich; November	Sachsen, evangelisch
Erster Weihnachtstag	25. Dezember	ganz Deutschland, kirchlich
Zweiter Weihnachtstag	26. Dezember	ganz Deutschland, kirchlich

Testen Sie sich

Welche Aussagen sind richtig? Kreuzen Sie an.

1 Politik in der Demokratie

1 Die Hauptstadt der Bundesrepublik Deutschland ist ...

a Bonn. ☐ b Berlin. ☐ c München. ☐

2 Wie viele Bundesländer hat die Bundesrepublik Deutschland?

a 9 ☐ b 11 ☐ c 16 ☐

3 Welche Dinge „organisieren" Städte und Gemeinden? (4 Lösungen)

a Wasserversorgung ☐ c Gesetze ☐ e Müllabfuhr ☐
b Jugendzentrum ☐ d Polizei ☐ f Einwohnermeldeamt ☐

4 Für welche Bereiche ist die Bundesrepublik Deutschland (der Bund) zuständig, für welche die einzelnen Bundesländer (Länder)?

		Bund	Länder			Bund	Länder
a	Außenpolitik	☐	☐	d	Universitäten	☐	☐
b	Schulen	☐	☐	e	Bundeswehr	☐	☐
c	Steuern	☐	☐	f	Polizei	☐	☐

5 Wer ist der Chef der Bundesregierung?

a der Bundespräsident / die Bundespräsidentin ☐
b der Bundeskanzler / die Bundeskanzlerin ☐

6 Wer wählt den Bundeskanzler?

a die Bundesregierung ☐ b das Volk ☐ c der Bundestag ☐

7 Im deutschen Bundestag ...

a sitzen die Abgeordneten einer politischen Partei. ☐
b sitzen die Abgeordneten mehrerer politischer Parteien. ☐

8 Nennen Sie drei große Parteien in Deutschland.

a ________ b ________ c ________

9 Bei welcher Wahl dürfen alle Ausländer/innen wählen? (eine Lösung)

a bei der Bundestagswahl ☐
b bei der Europawahl ☐
c bei der Wahl des Ausländerbeirats ☐

10 Die Verfassung der Bundesrepublik Deutschland heißt ...

a Bundesverfassung ☐
b Grundgesetz ☐
c Grundordnung ☐

11 Die wichtigsten Rechte der Bürger sind ... (3 Lösungen)

a das Recht auf freie Meinungsäußerung. ☐
b das Recht auf ein eigenes Auto. ☐
c die Gleichberechtigung von Mann und Frau. ☐
d die Religionsfreiheit. ☐

12 Zu den wichtigsten Pflichten der Bürger gehören ... (3 Lösungen)

a die Schulpflicht. ☐
b die Glaubens- und Religionspflicht. ☐
c die Meldepflicht. ☐
d die Achtung der demokratischen Grundordnung. ☐

13 Was bedeutet „Rechtsstaat"? (2 Lösungen)

a Das Gesetz gilt für den Staat und alle Bürgerinnen und Bürger. ☐
b Der Staat muss sich nicht an die Gesetze halten. ☐
c Die Gerichte sind unabhängig und kontrollieren die Staatsgewalt. ☐

14 Was gehört zu den Staatssymbolen der Bundesrepublik Deutschland? (4 Lösungen)

a Reichstag ☐
b Bundeswappen ☐
c Tag der deutschen Einheit ☐
d Nationalhymne ☐
e Bundesflagge ☐
f Bundeswehr ☐

15 Wer hat die Musik der deutschen Nationalhymne komponiert?

a Wolfgang Amadeus Mozart ☐
b Herbert von Karajan ☐
c Joseph Haydn ☐

16 Wie sieht die offizielle Bundesflagge aus?

a ☐

b ☐

c ☐

17 Was sind die Ziele des Sozialstaats? (2 Lösungen)

a Alle Menschen sollen wenigstens ein Existenzminimum zum Leben haben.
b Die Menschen sollen möglichst viel Geld verdienen.
c Der Sozialstaat will Menschen unterstützen, die sich nicht selbst helfen können.

18 Welche Hilfen gibt es vom Staat? (3 Lösungen)

- a Kindergeld ☐
- b Krankengeld ☐
- c Wohngeld ☐
- d Arbeitslosengeld ☐
- e Kilometergeld für das eigene Auto ☐

19 Welche Versicherungen sind vom Gesetz vorgeschrieben? (4 Lösungen)

- a Krankenversicherung ☐
- b private Unfallversicherung ☐
- c Pflegeversicherung ☐
- d Arbeitslosenversicherung ☐
- e private Haftpflichtversicherung ☐
- f Rentenversicherung ☐
- g Rechtsschutzversicherung ☐
- h private Altersvorsorge ☐

2 Geschichte und Verantwortung

1 Die NSDAP unter Adolf Hitler regierte …

- a von 1919 bis 1945. ☐
- b von 1954 bis 1989. ☐
- c von 1933 bis 1945. ☐

2 Der Zweite Weltkrieg dauerte …

- a von 1933 bis 1945. ☐
- b von 1939 bis 1945. ☐
- c von 1914 bis 1918. ☐

3 Welche Stichworte charakterisieren das NS-Regime? (3 Lösungen)

- a Demokratie und Freiheit ☐
- b Verbot von allen politischen Parteien (außer der NSDAP) ☐
- c Vereinigung von DDR und Bundesrepublik Deutschland ☐
- d Verfolgung und Ermordung von Juden und anderen Gruppen ☐
- e Einschränkung der Menschenrechte ☐
- f Toleranz gegenüber anderen Völkern ☐

4 Deutschland nach dem Zweiten Weltkrieg. Welche Aussagen sind richtig? (3 Lösungen)

- a Im Mai 1945 kapituliert Deutschland. Der Zweite Weltkrieg ist in Europa zu Ende. ☐
- b Die Siegermächte (USA, Sowjetunion, Großbritannien, Frankreich) teilen Deutschland nach dem Zweiten Weltkrieg in 16 Zonen auf. Aus den Zonen werden später die Bundesländer. ☐
- c 1949 beschließen die Sowjetunion und politische Vertreter der Sozialistischen Einheitspartei Deutschlands die Gründung der DDR (Deutsche Demokratische Republik). ☐
- d 1949 wird in den Westzonen das Grundgesetz unterzeichnet und die Bundesrepublik Deutschland gegründet. ☐
- e Der Marshallplan der USA unterstützt die Wirtschaft der DDR. Dort kommt es bald zu einem Wirtschaftswunder. ☐
- f Im Juni 1948 führt die DDR die neue Währung „Deutsche Mark" (DM) ein. ☐

5 Was passt zu „DDR", was passt zu „Bundesrepublik Deutschland"?

		DDR	Bundesrepublik Deutschland
a	Marshallplan	☐	☐
b	Wirtschaftswunder	☐	☐
c	soziale Marktwirtschaft	☐	☐
d	sozialistische Planwirtschaft	☐	☐
e	Beitritt zur NATO	☐	☐
f	Beitritt zum Warschauer Pakt	☐	☐
g	Arbeiteraufstand 1953	☐	☐
h	Bau der Berliner Mauer 1961	☐	☐
i	Studentenbewegung 1968	☐	☐
j	Umweltschutzbewegung	☐	☐
k	Montagsdemonstrationen 1989	☐	☐

6 Wiedervereinigung 1989/1990: Welche Aussagen sind richtig? (2 Lösungen)

a In der DDR protestieren die Menschen jeden Montag gegen die Regierung. ☐
b Die Regierung der DDR will die Vereinigung mit der Bundesrepublik Deutschland. ☐
c Am 9. November 1989 öffnet die Bundesrepublik Deutschland die Grenzen zur DDR. ☐
d Am 3. Oktober 1990 kommt es zur Vereinigung der DDR und der Bundesrepublik Deutschland. ☐

3 Mensch und Gesellschaft

1 In Deutschland gibt es ... (2 Lösungen)

a verschiedene Dialekte. ☐
b keine Dialekte. Alle sprechen hochdeutsch. ☐
c überall die gleichen Spezialitäten. ☐
d viele regionale Spezialitäten. ☐

2 Deutsche Spezialitäten sind zum Beispiel ... (4 Lösungen)

a Lebkuchen. ☐ c Döner. ☐ e Pizza. ☐
b Dresdner Stollen. ☐ d Sauerbraten. ☐ f Weißwürste. ☐

3 Die Erziehung der Kinder ist hauptsächlich Aufgabe ...

a der Eltern. ☐ b der Verwandten. ☐ c der Schule. ☐

4 In welcher Lebensform darf man in Deutschland nicht leben?

a gleichgeschlechtliche Lebenspartnerschaft ☐
b Mann mit zwei Ehefrauen ☐
c Patchworkfamilie ☐
d Wohngemeinschaft ☐

5 Ihr Sohn möchte studieren. Welchen Schulabschluss braucht er, um an einer Universität studieren zu dürfen?

a den Realschulabschluss ☐
b eine Gesellenprüfung ☐
c das Abitur ☐

6 Mit wie viel Jahren werden Kinder in Deutschland normalerweise eingeschult?

a 5 ☐ b 6 ☐ c 7 ☐

7 Die ... sind die größte Religionsgemeinschaft in Deutschland.

a Hindus ☐ c Muslime ☐
b Christen ☐ d Juden ☐

8 In Deutschland gilt die Trennung von Staat und Kirche, aber auch die partnerschaftliche Zusammenarbeit zwischen beiden. Der Staat ... (2 Lösungen)

a garantiert die Religionsfreiheit. ☐
b bezahlt die Kirchen. ☐
c kontrolliert den Religionsunterricht an den Schulen. ☐

9 Welche Feiertage sind kirchlich? (4 Lösungen)

a Weihnachten ☐
b Tag der deutschen Einheit ☐
c Maifeiertag ☐
d Ostern ☐
e Pfingsten ☐
f Christi Himmelfahrt ☐

4 Aktuelle Fragen

1 Welche Parteien regieren ...

a in Deutschland? ______________________
b in Ihrem Bundesland? ______________________

2 Wie heißt der Bundeskanzler / die Bundeskanzlerin?

____

3 Wie heißt der Bundespräsident / die Bundespräsidentin?

____

4 Wie heißt der Regierungschef in Ihrem Bundesland?

____

Prüfungsstrategien und weitere Integrationsangebote

1 Der Test „Leben in Deutschland“

Am Ende des Orientierungskurses machen Sie einen Test. Sie bekommen ein Testheft mit 33 Fragen. Ihre Schule kennt die Fragen nicht. Drei der Fragen betreffen Ihr Bundesland.
In dem Testheft müssen Sie Fragen zu allen Themenbereichen (Modulen) dieses Buchs beantworten.

Zu jeder Frage gibt es vier Antwortmöglichkeiten, aber nur eine Antwort ist richtig. Das ist viel leichter als unser Probetest auf S. 82–86.
Lesen Sie jede Frage genau. Achten Sie auch auf das Wort „nicht“ oder „kein“, z. B.
Welche Parteien gibt es im Bundestag? oder: Welche Parteien gibt es nicht im Bundestag?

Hier ein Muster zum Ausprobieren:

1 Was zeigt dieses Bild?
- ☐ den Reichstag
- ☐ das Bundesverfassungsgericht in Karlsruhe
- ☐ das Bundeskanzleramt in Berlin
- ☐ den Regierungssitz in Berlin

2 Was darf das Jugendamt in Deutschland?
- ☐ Es entscheidet, welche Schule das Kind besucht.
- ☐ Es kann ein Kind, das geschlagen wird oder hungern muss, aus der Familie nehmen.
- ☐ Es bezahlt das Kindergeld an die Eltern.
- ☐ Es kontrolliert, ob das Kind einen Kindergarten besucht.

3 Wie heißt die deutsche Verfassung?
- ☐ Grundgesetz
- ☐ Kanon
- ☐ Verfassung
- ☐ Grundprinzip

4 Welches Land grenzt nicht an Deutschland?
- ☐ Österreich
- ☐ Griechenland
- ☐ Polen
- ☐ Frankreich

Lösung: 1 Reichstag, 2 Es kann ein Kind, das geschlagen wird oder hungern muss, aus der Familie nehmen, 3 Grundgesetz, 4 Griechenland

Drei Viertel der Frage-Themen haben Sie im Kurs besprochen. Wenn Sie diese Fragen zur Hälfte richtig beantworten und das Niveau B1 erreicht haben, bekommen Sie das Zertifikat „Deutsch-Test für Zuwanderer“. Das restliche Viertel sind Fragen für die Einbürgerung. Zur Vorbereitung können Sie die Testfragen im Internet bearbeiten. Sie finden diese unter www.bamf.de.

2 Fragen für die Einbürgerung

Für die Einbürgerung müssen Sie einige weitere Fragen richtig beantworten. Wenn Sie die Fragen in „Testen Sie sich“ (Seite 82–86) ohne große Schwierigkeiten beantworten konnten, sind Sie auf einem guten Weg. Im Glossar (Seite 99–103) finden Sie Begriffe, die zusätzlich wichtig sind. Außerdem gibt es zusätzliche Fragen zu Ihrem Bundesland (Wappen, Flagge, geografische Lage, Hauptstadt, Landkreise, Regierungschef und Minister – für wie viele Jahre das Landesparlament gewählt wird; ab welchem Alter man bei Kommunal- und Landtagswahlen wählen darf; wo man sich im eigenen Bundesland über politische Themen informieren kann).

Ihre Arbeit und Mühe lohnt sich. Ein kleiner Selbsttest zum Ende. Stimmt das? Kreuzen Sie an.

		ja	nein
1	Erst nach acht Jahren in Deutschland kann man Deutsche/r werden.	☐	☒
2	Wenn ich Sprachkenntnisse auf dem Niveau B1 nachweise und den Test „Leben in Deutschland“ mit einer höheren Punktzahl bestehe, kann ich mich schon nach sieben Jahren einbürgern lassen.	☐	☐

		ja	nein
3	Wenn ich den Einbürgerungstest nicht bestehe, muss ich Deutschland verlassen.	☐	☐
4	Wenn ich sehr gute Sprachkenntnisse habe und mich ehrenamtlich bei einer nichtstaatlichen Organisation engagiere, kann ich schon nach sechs Jahren eingebürgert werden.	☐	☐
5	Mit der Einbürgerung verliere ich genau ein Grundrecht, gewinne aber viele neue Rechte.	☐	☐
6	Mit der Einbürgerung darf ich für den Ausländerbeirat und den Gemeinderat kandidieren.	☐	☐
7	Als ausländischer Ehemann kann ich erst Deutscher werden, wenn meine Frau sich einbürgern lässt.	☐	☐
8	Meine Kinder (unter 18 Jahren) können mit eingebürgert werden.	☐	☐
9	Mit der Einbürgerung werde ich automatisch EU-Bürger/in.	☐	☐
10	„Deutsche/r werden ist nicht schwer, Deutsche/r sein dagegen sehr …".	☐	☐

Fragen Sie auch die Staatsangehörigkeitsstelle Ihrer Gemeinde, Stadt- oder Kreisverwaltung. Dort bekommen Sie Listen, welche Dokumente Sie für die Einbürgerung brauchen.

3 Weitere Integrationsangebote

a In den Projektaufgaben in diesem Buch haben Sie gelernt, Informationen zu recherchieren. Sie wissen, wie Sie sich in Deutschland zurechtfinden.
Was kennen und wissen Sie? Kreuzen Sie an.

- ☐ Ich kenne die wichtigsten Behörden meiner Stadt.
- ☐ Ich kenne viele weitere Einrichtungen meiner Stadt.
- ☐ Ich weiß, dass ich viele Informationen zu den Modulen 1 und 2 bei der Bundes- und Landeszentrale für politische Bildung bekomme.
- ☐ Ich weiß, an welche Stellen ich mich wende, wenn neue Themen und Fragen auftauchen.

b Sich weiter informieren

Bei der Bundesregierung, den Landesregierungen und beim Bundesamt für Migration und Flüchtlinge (BAMF) gibt es viele nützliche Informationen und Broschüren. Die meisten Materialien kann man im Internet herunterladen und ausdrucken (www.bundesregierung.de; www.bamf.de).

Lösungen: 1 nein. Acht Jahre sind zwar der Normalfall. Aber anerkannte Flüchtlinge und andere Personengruppen können schon früher, z. B. nach 4 oder 6 Jahren, einen Antrag stellen. Fragen Sie Ihre Staatsangehörigkeitsstelle oder die Migrationsberatung / den Jugendmigrationsdienst. – 2 ja. – 3. nein. Sie machen ihn noch einmal. – 4 ja. – 5 ja. Sie verlieren das Grundrecht auf Asyl. Dies ist das einzige „Ausländerrecht". – 6 Nein. Nur für den Gemeinderat. Der Ausländerbeirat vertritt ja die Ausländer. – 7 nein. Wenn Sie alle Voraussetzungen erfüllen, können Sie unabhängig von Ihrer Frau / Ihrem Mann Deutsche/r werden. – 8 ja. – 9 ja. – 10 Wenn Ihnen dieser Satz bekannt vorkommt (Es heißt eigentlich: „Vater werden ist nicht schwer, Vater sein dagegen sehr"), dann wird es nicht schwer für Sie, Deutsche/r zu werden. Ob Sie Deutsche/r sein wollen, das entscheiden Sie. Sprechen Sie darüber mit der Familie, Bekannten, Freunden, Vereinen und den bekannten Beratungsstellen, wenn Sie möchten.

Modelltest „Leben in Deutschland“ (LID) mit Bewertungsschlüssel

Beim Test **Leben in Deutschland** des Bundesamtes für Migration und Flüchtlinge müssen Sie 33 Fragen lösen. Sie haben dafür 60 Minuten Zeit.
Auf dem Fragebogen gibt es zu jeder Frage vier mögliche Antworten. Die richtige Antwort muss angekreuzt werden.
Wenn Sie mindestens 15 von 33 Fragen richtig beantworten, haben Sie den Orientierungskurstest bestanden und erhalten eine entsprechende Bescheinigung.
Wenn Sie Kenntnisse für die Einbürgerung nachweisen wollen, müssen Sie mindestens 17 der 33 Fragen richtig beantworten. Dann bekommen Sie eine Bescheinigung, auf der steht, dass Sie Kenntnisse im Sinn des Staatsangehörigkeitsgesetzes und der Einbürgerungsverordnung haben.
30 der Fragen gelten für ganz Deutschland. Die drei letzten Fragen beziehen sich nur auf das Bundesland, in dem Sie den Test machen.
Den Gesamtfragenkatalog (300 Fragen zu Deutschland) und die jeweils 10 Fragen zu den Bundesländern finden Sie unter www.bamf.de.
Im Folgenden finden Sie 30 Beispielfragen.
Tipp: Achten Sie auf die Formulierungen der Testaufgaben, die Negationen (*nicht* oder *kein*) enthalten.

Und nun viel Erfolg für den bundeseinheitlichen Test Leben in Deutschland!
Die Lösungen und die Bewertung Ihrer Antworten finden Sie am Ende des Tests.

Aufgabe 5

Wahlen in Deutschland sind frei. Was bedeutet das?

- ☐ Man darf Geld annehmen, wenn man dafür einen bestimmten Kandidaten / eine bestimmte Kandidatin wählt.
- ☐ Nur Personen, die noch nie im Gefängnis waren, dürfen wählen.
- ☐ Der Wähler darf bei der Wahl weder beeinflusst noch zu einer bestimmten Stimmabgabe gezwungen werden und keine Nachteile durch die Wahl haben.
- ☐ Alle wahlberechtigten Personen müssen wählen.

Aufgabe 8

Was steht nicht im Grundgesetz von Deutschland?

- ☐ Die Würde des Menschen ist unantastbar.
- ☐ Alle sollen gleich viel Geld haben.
- ☐ Jeder Mensch darf seine Meinung sagen.
- ☐ Alle sind vor dem Gesetz gleich.

Aufgabe 12

Eine Partei im Deutschen Bundestag will die Pressefreiheit abschaffen. Ist das möglich?

- ☐ Ja, wenn mehr als die Hälfte der Abgeordneten im Bundestag dafür sind.
- ☐ Ja, aber dazu müssen zwei Drittel der Abgeordneten im Bundestag dafür sein.
- ☐ Nein, denn die Pressefreiheit ist ein Grundrecht. Sie kann nicht abgeschafft werden.
- ☐ Nein, denn nur der Bundesrat kann die Pressefreiheit abschaffen.

Aufgabe 20

Eine Partei in Deutschland verfolgt das Ziel, eine Diktatur zu errichten. Sie ist dann …

- ☐ tolerant.
- ☐ rechtsstaatlich orientiert.
- ☐ gesetzestreu.
- ☐ verfassungswidrig.

Aufgabe 25
Was ist kein Bundesland der Bundesrepublik Deutschland?

- ☐ Elsass-Lothringen
- ☐ Nordrhein-Westfalen
- ☐ Mecklenburg-Vorpommern
- ☐ Sachsen-Anhalt

Aufgabe 33
Welche Aussage ist richtig? In Deutschland ...

- ☐ sind Staat und Religionsgemeinschaften voneinander getrennt.
- ☐ bilden die Religionsgemeinschaften den Staat.
- ☐ ist der Staat abhängig von den Religionsgemeinschaften.
- ☐ bilden Staat und Religionsgemeinschaften eine Einheit.

Aufgabe 36
Welche Maßnahme schafft in Deutschland soziale Sicherheit?

- ☐ die Krankenversicherung
- ☐ die Autoversicherung
- ☐ die Gebäudeversicherung
- ☐ die Haftpflichtversicherung

Aufgabe 46
Der deutsche Staat hat viele Aufgaben. Welche Aufgabe gehört dazu?

- ☐ Er baut Straßen und Schulen.
- ☐ Er verkauft Lebensmittel und Kleidung.
- ☐ Er versorgt alle Einwohner und Einwohnerinnen kostenlos mit Zeitungen.
- ☐ Er produziert Autos und Busse.

Aufgabe 49
Wer bestimmt in Deutschland die Schulpolitik?

- ☐ die Lehrer und Lehrerinnen
- ☐ die Bundesländer
- ☐ das Familienministerium
- ☐ die Universitäten

Aufgabe 56
Welches Amt gehört in Deutschland zur Gemeindeverwaltung?

- ☐ Pfarramt
- ☐ Ordnungsamt
- ☐ Finanzamt
- ☐ Auswärtiges Amt

Aufgabe 63
Was gehört in Deutschland nicht zur Exekutive?

- ☐ die Polizei
- ☐ die Gerichte
- ☐ das Finanzamt
- ☐ die Ministerien

Aufgabe 69
Die Bundesrepublik hat einen dreistufigen Verwaltungsaufbau. Wie heißt die unterste politische Stufe?
- ☐ Stadträte
- ☐ Landräte
- ☐ Gemeinden
- ☐ Bezirksämter

Aufgabe 91
In Deutschland kann ein Regierungswechsel in einem Bundesland Auswirkungen auf die Bundespolitik haben. Das Regieren wird ...
- ☐ schwieriger, wenn sich dadurch die Mehrheit im Bundestag ändert.
- ☐ leichter, wenn dadurch neue Parteien in den Bundesrat kommen.
- ☐ schwieriger, wenn dadurch die Mehrheit im Bundesrat verändert wird.
- ☐ leichter, wenn es sich um ein reiches Bundesland handelt.

Aufgabe 102
Womit kann man in der Bundesrepublik Deutschland geehrt werden, wenn man auf politischem, wirtschaftlichem, kulturellem, geistigem oder sozialem Gebiet eine besondere Leistung erbracht hat? Mit dem ...
- ☐ Bundesverdienstkreuz
- ☐ Bundesadler
- ☐ Vaterländischen Verdienstorden
- ☐ Ehrentitel „Held der Deutschen Demokratischen Republik“

Aufgabe 134
Man will die Buslinie abschaffen, mit der Sie immer zur Arbeit fahren. Was können Sie machen, um die Buslinie zu erhalten?
- ☐ Ich beteilige mich an einer Bürgerinitiative für die Erhaltung der Buslinie oder gründe selber eine Initiative.
- ☐ Ich werde Mitglied in einem Sportverein und trainiere Radfahren.
- ☐ Ich wende mich an das Finanzamt, weil ich als Steuerzahler / Steuerzahlerin ein Recht auf die Buslinie habe.
- ☐ Ich schreibe einen Brief an das Forstamt der Gemeinde.

Aufgabe 155
Wann waren die Nationalsozialisten in Deutschland an der Macht?
- ☐ 1888 bis 1918
- ☐ 1921 bis 1934
- ☐ 1933 bis 1945
- ☐ 1949 bis 1963

Aufgabe 166
Bei welchen Demonstrationen in Deutschland riefen die Menschen „Wir sind das Volk“?
- ☐ beim Arbeiteraufstand 1953 in der DDR
- ☐ bei den Demonstrationen 1968 in der Bundesrepublik Deutschland
- ☐ bei den Anti-Atomkraft-Demonstrationen 1985 in der Bundesrepublik Deutschland
- ☐ bei den Montagsdemonstrationen 1989 in der DDR

Aufgabe 171

Soziale Marktwirtschaft bedeutet, die Wirtschaft ...

- ☐ steuert sich allein nach Angebot und Nachfrage.
- ☐ wird vom Staat geplant und gesteuert, Angebot und Nachfrage werden nicht berücksichtigt.
- ☐ richtet sich nach der Nachfrage im Ausland.
- ☐ richtet sich nach Angebot und Nachfrage, aber der Staat sorgt für einen sozialen Ausgleich.

Aufgabe 181

Was wollte Willy Brandt mit seinem Kniefall 1970 im ehemaligen jüdischen Ghetto in Warschau ausdrücken?

- ☐ Er hat sich den ehemaligen Alliierten unterworfen.
- ☐ Er bat Polen und die polnischen Juden um Vergebung.
- ☐ Er zeigte seine Demut vor dem Warschauer Pakt.
- ☐ Er sprach ein Gebet am Grab des unbekannten Soldaten.

Aufgabe 196

Warum nennt man die Zeit im Herbst 1989 in der DDR „Die Wende"?
In dieser Zeit veränderte sich die DDR politisch ...

- ☐ von einer Diktatur zur Demokratie.
- ☐ von einer liberalen Marktwirtschaft zum Sozialismus.
- ☐ von einer Monarchie zur Sozialdemokratie.
- ☐ von einem religiösen Staat zu einem kommunistischen Staat.

Aufgabe 201

Welche der folgenden Auflistungen enthält nur Bundesländer, die zum Gebiet der früheren DDR gehörten?

- ☐ Niedersachsen, Nordrhein-Westfalen, Hessen, Schleswig-Holstein, Brandenburg
- ☐ Mecklenburg-Vorpommern, Brandenburg, Sachsen, Sachsen-Anhalt, Thüringen
- ☐ Bayern, Baden-Württemberg, Rheinland-Pfalz, Thüringen, Sachsen
- ☐ Sachsen, Thüringen, Hessen, Niedersachsen, Brandenburg

Aufgabe 220

Der 27. Januar ist in Deutschland ein offizieller Gedenktag. Woran erinnert dieser Tag?

- ☐ an das Ende des Zweiten Weltkrieges
- ☐ an die Verabschiedung des Grundgesetzes
- ☐ an die Wiedervereinigung Deutschlands
- ☐ an die Opfer des Nationalsozialismus

Aufgabe 238

An welchen Orten arbeitet das Europäische Parlament?

- ☐ Paris, London, Den Haag
- ☐ Straßburg, Luxemburg und Brüssel
- ☐ Rom, Bern und Wien
- ☐ Bonn, Zürich und Mailand

Aufgabe 240

Seit wann bezahlt man in Deutschland mit dem Euro in bar?

- ☐ 1995
- ☐ 1998
- ☐ 2002
- ☐ 2005

Aufgabe 242
Wer entscheidet, ob ein Kind in Deutschland in den Kindergarten geht?
- ☐ der Staat
- ☐ die Bundesländer
- ☐ die Eltern / die Erziehungsberechtigten
- ☐ die Schulen

Aufgabe 250
In Deutschland hat man die besten Chancen auf einen gut bezahlten Arbeitsplatz, wenn man ...
- ☐ katholisch ist.
- ☐ gut ausgebildet ist.
- ☐ eine Frau ist.
- ☐ Mitglied einer Partei ist.

Aufgabe 266
Wann beginnt die gesetzliche Nachtruhe in Deutschland?
- ☐ wenn die Sonne untergeht
- ☐ wenn die Nachbarn schlafen gehen
- ☐ um 0 Uhr, Mitternacht
- ☐ um 22 Uhr

Aufgabe 277
Eine Frau, die ein zweijähriges Kind hat, bewirbt sich in Deutschland um eine Stelle. Was ist ein Beispiel für Diskriminierung? Sie bekommt die Stelle nur deshalb nicht, weil sie ...
- ☐ kein Englisch spricht.
- ☐ zu hohe Gehaltsvorstellungen hat.
- ☐ keine Erfahrungen in diesem Beruf hat.
- ☐ Mutter ist.

Aufgabe 282
Welches Ehrenamt müssen deutsche Staatsbürger / Staatsbürgerinnen übernehmen, wenn sie dazu aufgefordert werden?
- ☐ Vereinstrainer / Vereinstrainerin
- ☐ Wahlhelfer / Wahlhelferin
- ☐ Bibliotheksaufsicht
- ☐ Lehrer / Lehrerin

Aufgabe 297
Aus welchem Land sind die meisten Migranten / Migrantinnen nach Deutschland gekommen?
- ☐ Italien
- ☐ Polen
- ☐ Marokko
- ☐ Türkei

Lösungen:
A 5: (3); A8: (2); A12: (3); A20: (4); A25: (1); A33: (1); A36: (1); A46: (1); A49: (2); A56: (2); A63: (2); A69: (3); A91: (3); A102: (1); A134: (1); A155: (3); A166: (4); A171: (4); A181: (2); A196: (1); A201: (2); A220: (4); A238: (2); A240: (3); A242: (3); A250: (2); A266: (4); A277: (4); A282: (2); A297: (4)

Bewertung:
Für jede richtige Lösung erhalten Sie einen Punkt.
Bestehensgrenze Orientierungskurs: 15 Punkte
Bestehensgrenze Einbürgerung: 17 Punkte
30 Punkte: SUPER
26-29 Punkte: sehr gut
22-25 Punkte: gut
18-21 Punkte: befriedigend
15-17 Punkte: ausreichend
weniger als 15 Punkte: noch nicht ausreichend
(Arbeiten Sie alle Aufgaben noch einmal durch. Wenn Ihnen eine Aufgabe nicht klar ist, fragen Sie am besten Ihren Lehrer/ Ihre Lehrerin oder einen Freund / eine Freundin.)

Das Glossar enthält wichtige Begriffe des Lernstoffs und deren kurze Erläuterung.
Die Zahlen bezeichnen das Modul und die Seite, wo der Begriff bzw. dessen Thema behandelt wird.

A

		Modul/Seite
(der/die) Abgeordnete	Parlamentsmitglied, das von den Bürgerinnen und Bürgern gewählt wird	1/13
alliierte Besatzung	Die gegen Hitler verbündeten Mächte Großbritannien, Frankreich, Sowjetunion (UdSSR) und die Vereinigten Staaten von Amerika (USA) teilten Deutschland nach der Kapitulation in vier Zonen auf und besetzten diese.	2/40
(das) Antidiskriminierungsgebot	Niemand darf wegen seines Geschlechts, seiner Nationalität, Rasse, Sprache, Religion, sexuellen Orientierung oder Behinderung benachteiligt werden. Dies garantiert das Grundgesetz (Art. 3).	1/25, 3/69
(der) Ausländerbeirat	Politische Vertretung der Menschen mit ausländischem Pass. Er berät die Kommune.	1/21

B

(die) Bekenntnisfreiheit	Glaubens- oder Religionsfreiheit. Jeder darf seine Religion ausüben. Man kann auch konfessionslos sein, d.h. man gehört keiner Religion an.	1/25, 3/69
(die) Berliner Mauer	Sie wurde 1961 in Berlin gebaut und trennte die sowjetische Besatzungszone von den drei westlichen Besatzungszonen (der französischen, britischen und US-amerikanischen).	2/43
(der) Bund	Gesamtstaat Deutschland, bestehend aus allen Bundesländern	1/13
(das) Bundesland	Deutschland besteht aus 16 Bundesländern.	1/12
(der/die) Bundespräsident/in	Staatsoberhaupt Deutschlands. Es repräsentiert Deutschland und ernennt die Minister und Ministerinnen in der Regierung. Es wird von der Bundesversammlung gewählt.	1/13
(der) Bundesrat	Vertretung der Regierungen der Bundesländer. Der Bundesrat kontrolliert den Bundestag und stimmt über Gesetzesvorschläge der Bundesregierung ab.	1/13
(die) Bundesregierung	Die Bundesregierung bilden Minister und Ministerinnen und der/die Bundeskanzler/in. Die Regierung schlägt neue Gesetze für ganz Deutschland vor.	1/13
(die) Bundesrepublik (Deutschland)	Gesamtstaat, bestehend aus den 16 Bundesländern	0/6
(der) Bundesstaat	Staat, der aus mehreren Teilstaaten (in Deutschland „Bundesländern") zusammengesetzt ist	1/18
(der) Bundestag	Abgeordnete aus ganz Deutschland. Sie werden von allen deutschen Wahlberechtigten gewählt und diskutieren die Politik der Bundesregierung.	1/13
(das) Bundesverfassungsgericht	Dieses Gericht überprüft, ob ein Gesetz mit dem Grundgesetz vereinbar ist. Wenn es einen Streit über ein beschlossenes Gesetz gibt, kann man sich an dieses Gericht wenden. Der Sitz des Bundesverfassungsgerichts ist in Karlsruhe.	1/19
(die) Bundeswehr	Deutsche Armee	1/26
Bündnis 90 / Die Grünen	Ökologisch orientierte politische Partei	1/15
(der/die) Bürger/in	Angehörige/r eines Staates (Staatsbürger/in)	1/20
(die) Bürgerinitiative	Zusammenschluss von Menschen, die wegen eines konkreten sozialen, ökologischen oder politischen Problems etwas verändern wollen. Alle können bei einer Bürgerinitiative mitmachen.	1/21
(der/die) Bürgermeister/in	Oberhaupt einer Stadt oder Gemeinde. In größeren Städten gibt es mehrere Bürgermeister/innen und einen Oberbürgermeister oder eine Oberbürgermeisterin.	0/8

C

(die) CDU	Christlich-demokratische Union Deutschlands, christlich und konservativ orientierte Partei	1/15
(das) Christentum / Christ/in / christlich	Eine der drei großen monotheistischen Religionen (neben Judentum und Islam)	3/70
(die) CSU	Christlich-soziale Union, Schwesterpartei der CDU in Bayern	1/15

D

(die) DDR	Deutsche Demokratische Republik. Sozialistischer Staat vom 7.10.1949 bis zum 3.10.1990, entstanden auf dem Gebiet der sowjetischen Besatzungszone.	2/40, 2/43, 2/44

(die) Demokratie	Herrschaft, die vom Volk ausgeht und im Interesse des Volks ausgeübt wird	1/20
(die) Deutsche Einheit	Bis 1990 ist Deutschland in zwei Staaten geteilt. Am 3.10.1990 tritt die DDR der Bundesrepublik Deutschland bei. Dieser Tag ist heute Nationalfeiertag.	1/10, 2/44
(die) Diktatur	Staatsform, bei der die politische Macht bei einer Person (dem Diktator) liegt. Der Diktator hat unbeschränkte Macht, es gelten keine demokratischen Rechte.	1/35

E

(der) „Eiserne Vorhang"	Eine ideologische (politische und ökonomische) Grenze in Europa zwischen den westlichen Staaten und den Staaten des Warschauer Paktes	2/44
(die) EU	Europäische Union. Staatenbund bestehend aus 28 europäischen Ländern, die sich zu den gemeinsamen Grundwerten Freiheit, Demokratie, Rechtsstaatlichkeit und Menschenrechte bekennen.	2/48
(der) Euro	Währung der Europäischen Währungsunion, offizielles Zahlungsmittel in den meisten europäischen Staaten. Am 1.1.2002 wurde es erstmals als Bargeld eingeführt.	2/48
(die) Exekutive	Ausführende Gewalt (Regierung, Behörden, Polizei)	1/19

F

(die) FDP	Freie Demokratische Partei, liberal orientierte Partei	1/15
(der) Föderalismus/ föderalistisch	Prinzip, bei dem einzelne Teile eines Landes (in Deutschland die Bundesländer) eine gewisse Eigenständigkeit haben, aber zu einem Staat (dem Bund) zusammengeschlossen sind	1/34
(die) Fraktion	Vereinigung von Abgeordneten einer Partei in den Parlamenten (Bundestag, Landtage) und Gemeinderäten	1/15
(die) Fürsorgepflicht	Staat: Der Staat kümmert sich um seine Bürger, z. B. in sozialen Notlagen. Eltern: Eltern sind für das Wohl ihrer Kinder verantwortlich. Sie müssen z. B. auf die Kinder aufpassen, sie erziehen, ernähren und kleiden und dürfen sie nicht vernachlässigen.	3/80

G

(die) Gewaltenteilung	Die Macht des Staates ist geteilt: Gesetzgebende (legislative), rechtsprechende (judikative) und ausführende (exekutive) Gewalt sind in Deutschland getrennt. So können und sollen sie sich gegenseitig kontrollieren.	1/18, 1/19
(die) Gewerkschaft	Vertretung der Arbeitnehmerinnen und Arbeitnehmer	1/31
(die) Glaubensfreiheit	Bekenntnis- oder Religionsfreiheit. Jeder darf seine Religion ausüben oder ohne Religion leben.	1/25, 3/69
(die) Gleichberechtigung	Alle Menschen sind vor dem Gesetz gleich. Frauen und Männer haben die gleichen Rechte.	1/25
(die) Gleichschaltung	Aufhebung der demokratischen Freiheiten im gesamten öffentlichen Leben im Nationalsozialismus: Presse, Parteien, Kirchen, Verbände mussten der nationalsozialistischen Politik und Ideologie dienen.	2/38
(das) Grundgesetz	Verfassung der Bundesrepublik Deutschland	1/18
(die) Grundrechte	Prinzipielle Menschen- und Bürgerrechte, die durch die Verfassung garantiert werden	1/22, 1/25

H

(der) Holocaust	Nationalsozialistischer Völkermord an ca. 6 Millionen Juden	2/39

I

(der) Islam	Eine der drei großen monotheistischen Religionen (neben dem Christentum und dem Judentum)	3/69, 3/81

J

(das) Judentum	Eine der drei großen monotheistischen Religionen (neben dem Christentum und dem Islam)	3/69 3/81
(die) Judikative	Rechtsprechende Gewalt (Gerichte)	1/19

K

(der) Kalte Krieg	Zeit des Rüstungswettbewerbs zwischen den Westmächten und dem Ostblock	2/43

(die) Kapitulation	Offizielle Niederlage Deutschlands im Zweiten Weltkrieg, unterschrieben am 8. Mai 1945 in Berlin-Karlshorst	2/40
(die) Koalition	Zusammenschluss mehrerer Parteien zu einer Regierung	1/16
(die) Konfession	Glaube, Bekenntnis, Religion	3/69
(der) Konflikt	(gewaltsame) Auseinandersetzung zwischen mehreren Konfliktparteien	3/72

L

(die) Lebenspartnerschaft	Zusammenleben von zwei Menschen ohne Ehe (ohne verheiratet zu sein)	3/58
(die) Legislative	Gesetzgebende Gewalt (Bundestag, Bundesrat, Landtag)	1/19
Die Linke.	Politische Partei, entstanden aus der ostdeutschen Partei des Demokratischen Sozialismus (PDS) und der westdeutschen „Wahlalternative Arbeit und Soziale Gerechtigkeit" (WASG)	1/15
(die) Luftbrücke	Die Sowjetunion unterbrach vom Juni 1948 bis Mai 1949 den Landverkehr nach Berlin. Daraufhin brachten die USA von Frankfurt am Main aus Lebensmittel mit Flugzeugen nach Berlin.	2/41

M

(die) Machtergreifung	Hitler übernahm die Macht in Deutschland am 30.1.1933.	2/38
(das) Mehrheitsprinzip	Demokratisches Prinzip, nach dem bei Abstimmungen oder Wahlen der Wille der Mehrheit gilt	1/16
(die) Menschenrechte	Rechte, die für alle Menschen gelten. Sie stehen in der Verfassung.	1/35
(die) Migration	Menschen verlassen ihr Heimatland, um in einem anderen Land zu leben.	2/46
(der/die) Minister-präsident/in	Chef eines Bundeslandes und einer Landesregierung	1/13
(die) Montags-demonstration	Die Leipziger Demonstrationen an Montagen im Herbst 1989 waren der Beginn der friedlichen Revolution in der DDR.	2/44
(der/die) Muslim/in (der) Moslem	Anhänger des Islam	3/69

N

(die) Nationalhymne	Eines der Staatssymbole. Die deutsche Nationalhymne ist die dritte Strophe des Deutschlandliedes von August Heinrich Hoffmann von Fallersleben (1798–1874). Die Musik hat Franz Josef Haydn (1732–1809) komponiert.	1/10
(der) Nationalsozialismus	Ideologische Bewegung in Deutschland (1919–1945), die sich 1920 als National-sozialistische Deutsche Arbeiterpartei (NSDAP) organisierte und die unter Hitler in Deutschland 1933 eine Diktatur errichtete.	2/38
(die) NATO	Militärisches Bündnis europäischer und nordamerikanischer Staaten	2/43
(die) Nürnberger Prozesse	Gerichtsprozesse, bei denen die Hauptverbrecher des NS-Regimes 1945–1949 von einem Tribunal in Nürnberg wegen ihrer Kriegsverbrechen verurteilt wurden	2/40

O

(die) Opposition	Parteien im Bundestag, die nicht an der Regierung beteiligt sind	1/16
(die) Ostverträge	Von Bundeskanzler Willy Brandt in den 1970er-Jahren unterschriebene Verträge mit den östlichen Nachbarstaaten. Darin werden die Grenzen anerkannt und die DDR und die Bundesrepublik Deutschland nahmen Beziehungen auf.	2/43

P

(das) Parlament	Vertretung des Volkes. Die Parlamentarier/innen oder Abgeordneten werden bei der Bundestagswahl vom wahlberechtigten Volk gewählt.	1/13
(die) Planwirtschaft	Die Regierung steuert die Wirtschaft nach einem festgesetzten Plan.	2/43

R

(der) Rechtsstaat	Staat, in dem sich alle Menschen und auch der Staat selbst an die Gesetze halten müssen (Rechtsordnung/Rechtssystem)	1/18
(die) Reichskristallnacht	auch: Reichspogromnacht. Am 9.11.1938 wurden jüdische Synagogen und Geschäfte in Deutschland zerstört.	2/38
(die) Religion	Glaube, Bekenntnis	3/69
(die) Religionsfreiheit	Bekenntnis- oder Glaubensfreiheit. Jeder darf eine Religion ausüben oder ohne Religion leben.	1/22, 3/69

S

(die) SED	Sozialistische Einheitspartei Deutschlands, Staatspartei der DDR, entstanden 1949 aus der kommunistischen Partei (KPD) und der SPD	2/40
(der) Single	Jemand, der keinen Lebenspartner / keine Lebenspartnerin hat	3/59
(der) Sozialstaat	Der Staat bemüht sich um soziale Gerechtigkeit und kümmert sich um die soziale Sicherheit seiner Bürgerinnen und Bürger	1/27
(die) Staatssymbole	Bundeswappen, Bundesflagge, Nationalhymne, Tag der deutschen Einheit	1/10
(die) Staatsstrukturprinzipien	Grundprinzipien der demokratischen Staatsordnung: Bundesstaatlichkeit, Demokratie, Sozialstaatlichkeit, Rechtsstaatlichkeit	1/35
(die) soziale Marktwirtschaft	Die Wirtschaft orientiert sich am Markt, aber der Staat nimmt soziale Korrekturen vor.	1/32
(die) Sozialversicherung	Sie sichert die Menschen gegen existenzielle Risiken ab und hat fünf „Säulen": Arbeitslosenversicherung, Krankenversicherung, Pflegeversicherung, Rentenversicherung und Unfallversicherung.	1/28
(die) SPD	Sozialdemokratische Partei Deutschlands, sozial orientierte Partei	1/15
(die) „Stunde Null"	Ende des Zweiten Weltkriegs und Beginn des Wiederaufbaus	2/40

T

(die) Toleranz	Respekt, Akzeptanz und Anerkennung anderer Kulturen und ihrer Lebensstile	3/53
(das) Toleranzprinzip	Grundsatz, dass man verschiedene Vorstellungen und Lebensstile respektiert und akzeptiert	1/22

V

(die) Verfassung	Rechtliche Grundordnung eines Staates	1/18
(das) Verfassungsorgan	Bundespräsident, Bundesregierung, Bundesrat, Bundestag und Bundesverfassungsgericht	1/34
(die) Vertreibung	Gewaltsame Aussiedlung Deutscher aus den osteuropäischen Staaten als Folge des Zweiten Weltkriegs	2/50
(das) Volk	Alle Angehörigen eines Staates	1/13
(die) Volkssouveränität	Alle Staatsgewalt geht vom Volke aus.	1/18

W

(das) Wahlrecht	Recht, an demokratischen Wahlen teilzunehmen	1/16
(die) Wahlrechtsgrundsätze	Wahlen sind allgemein, frei, geheim und gleich. Das heißt, alle Wahlberechtigten dürfen wählen, niemand kann sie zu einer Wahl zwingen, man muss niemandem sagen, wen man wählt, jede Stimme zählt gleich.	1/36
(das) Wahlsystem	die Methode, mit der man aus den Stimmen der Wähler/innen ein Parlament bildet In Deutschland gibt es a) das Mehrheitswahlrecht: Man wählt mit der „Erststimme" eine Person in einem Wahlkreis. Wenn diese Person die meisten Stimmen in diesem Wahlkreis bekommt, kommt diese Person direkt ins Parlament. b) das Verhältniswahlrecht: Man wählt mit der „Zweitstimme" eine Partei; je mehr Stimmen diese Partei bekommt, desto mehr Abgeordnete hat sie im Parlament; Eine Hälfte der Abgeordneten kommt über die Erststimme direkt ins Parlament, die andere Hälfte mit der Zweitstimme über die Anzahl der Sitze, die eine Partei bekommen hat.	1/16
(der) Warschauer Pakt	Militärisches Bündnis des Ostblocks unter der Führung der Sowjetunion	2/43
(die) „Wende"	Friedliche Revolution in der DDR, Zeit der Veränderung der DDR zur Demokratie vom Herbst 1989 bis zum Frühjahr 1990	2/44
(der) Widerstand	Opposition gegen Hitler und das NS-Regime	2/39
(der) Wiederaufbau	Aufbau des zerstörten Deutschland nach dem Zweiten Weltkrieg	2/43
(die) Wiedervereinigung	Durch den Beitritt der DDR zur Bundesrepublik Deutschland am 3. Oktober 1990 wird Deutschland wieder *ein* Staat.	2/44
(das) Wirtschaftswunder	Schnelles wirtschaftliches Wachstum Westdeutschlands Anfang der 1950er-Jahre, gefördert durch ein wirtschaftliches Aufbauprogramm der USA („Marshallplan")	2/43

Z

(der) Zweite Weltkrieg	Er begann mit dem Angriff Deutschlands auf Polen am 1.9.1939 und endete mit der Kapitulation Deutschlands am 8.5.1945.	2/38

Glossar mit zusätzlichen Begriffen für den Einbürgerungskurs

Diese Liste enthält zu den drei Modulen des Orientierungskurses eine Liste mit den zusätzlichen Begriffen für den Einbürgerungskurs.

Modul 1

(das) Allgemeine Gleichstellungs- und Gleichbehandlungsgesetz (AGG) Das AGG soll Benachteiligungen wegen der Rasse oder ethnischen Herkunft, des Geschlechts, der Religion oder Weltanschauung, einer Behinderung, des Alters oder der sexuellen Identität verhindern oder beseitigen. Schwerpunkt ist der Schutz vor Diskriminierung in Beschäftigung und Beruf. Es gilt in Deutschland seit August 2006 und setzt eine EU-Richtlinie um.

(das) Asylrecht Art. 16 des Grundgesetzes; einziges Menschenrecht, das nur für Ausländer gilt. Menschen, die im Herkunftsland politisch verfolgt werden, können in Deutschland eine neue Heimat finden.

(die) Ausweispflicht Deutsche ab 16 Jahren müssen einen Personalausweis haben und ihn z.B. bei Kontrollen der Polizei zeigen können. Alle volljährigen Menschen in Deutschland müssen ihre Identität beweisen können, z.B. durch einen Pass oder einen Passersatz.

(der) Bürgerantrag Die Bürger können beantragen, dass der Gemeinderat innerhalb von 3 Monaten eine bestimmte Angelegenheit behandelt, die sie und ihre Gemeinde direkt betreffen.

(das) Bürgerbegehren Bürger können zu einem wichtigen Thema für eine Gemeinde Unterschriften sammeln, z.B. für oder gegen eine neue Straße. Wenn es genügend Unterschriften gibt, muss die Gemeinde einen Bürgerentscheid durchführen. Die Regeln für dieses Verfahren sind in den Bundesländern sehr unterschiedlich.

(die) Bürgerbeteiligung Partizipation der Bürger an politischen Entscheidungen in Form von Wahlen von politischen Vertretern in Parlamente und aktiver Beteiligung in Form von Bürgerversammlungen, Teilnahme an Planungssitzungen oder Bürgerbegehren

(der) Bürgerentscheid Einen Bürgerentscheid gibt es nur auf der kommunalen Ebene und nach einem erfolgreichen Bürgerbegehren. Die Bürger sollen sich bei Entscheidungen, die ihr Lebensumfeld in der Gemeinde betreffen, direkt demokratisch äußern können. Die Regeln dafür sind in den Bundesländern sehr unterschiedlich.

(die, Pl.) Bürgerrechte Art. 8, 9, 11, 12, 33 und 38 des Grundgesetzes: Alle Deutsche haben das Recht, sich friedlich zu versammeln, Vereine und Gesellschaften zu bilden, sich im ganzen Bundesgebiet frei zu bewegen und Beruf, Ausbildungsstätte und Arbeitsplatz frei zu wählen. Der Bundestag wird von deutschen Bürgern gewählt; öffentliche Ämter (z.B. Richter oder Landtagsabgeordnete) können nur Deutsche ausüben.

(das) Diskriminierungsverbot Art. 3 des Grundgesetzes sowie AGG: Niemand darf wegen der Rasse, der ethnischen Herkunft, des Geschlechts, der Religion, der Weltanschauung, einer Behinderung, des Alters oder der sexuellen Orientierung benachteiligt werden.

(die) FDGO „Freiheitlich demokratische Grundordnung". Zentrale Prinzipien von Staat und Gesellschaft, vor allem Rechtsstaatsprinzip, Demokratieprinzip und Menschenrechte. Diese Grundrechte sind unveränderlich, d.h. keine Partei oder Regierung kann sie abschaffen. Art. 20 des Grundgesetzes legt fest, dass sich die Deutschen verteidigen dürfen, wenn die Grundordnung angegriffen wird und es keine anderen Möglichkeiten zu ihrem Schutz gibt. Die Demokratie ist nach einem Satz des Bundesverfassungsgerichts streitbar und wehrhaft.

(die) Freiheit der Wissenschaft Art. 5.3 des Grundgesetzes. Wissenschaft und Forschung sind nur an das Grundgesetz gebunden, sonst aber frei. Der Staat darf sich nicht einmischen.

(die) Fünf-Prozent-Hürde Eine Partei muss mindestens fünf Prozent der Wählerstimmen bekommen, um ins Parlament zu kommen. Damit soll verhindert werden, dass viele kleine Parteien die Arbeit des Parlaments blockieren.

(das) Gemeinwohl Gesamtinteresse einer Gesellschaft, bezieht sich auf das Wohlergehen aller und bedeutet, dass man auf die Interessen aller Menschen achten soll. Die Bürger sollen sich verstärkt Mitbürgern zuwenden und Mitverantwortung übernehmen. Auch von den Unternehmen wird ein freiwilliges Engagement für das Gemeinwohl gefordert.

(der) Gerichtsentscheid Gerichtsurteil am Ende eines Gerichtsprozesses

(das) Gewaltmonopol des Staates Nur der Staat darf Gewalt anwenden. Er darf die → FDGO schützen, muss dabei aber die Gesetze beachten. Dieses Gewaltmonopol übt die Polizei aus, zum Beispiel, um einen bewaffneten Bankräuber zu stoppen oder um ein Verbrechen zu verhindern. Die Bürger dürfen nur in Ausnahmefällen Gewalt anwenden, z.B. wenn sie bedroht werden und in Notwehr handeln. Selbstjustiz ist verboten.

(das) Gleichbehandlungsgesetz → (das) Allgemeine Gleichstellungs- und Gleichbehandlungsgesetz (AGG)

(die) Grundrechtsbindung Art. 1 des Grundgesetzes regelt, dass der Staat bei allen Entscheidungen die Menschenwürde schützen und die Grundrechte beachten muss.

(die) Handlungsfreiheit, allgemeine Art. 2.1 des Grundgesetzes garantiert die allgemeine Handlungsfreiheit. Sie umfasst jedes menschliche Verhalten, den persönlichen und den sozialen Bereich, aber z.B. auch wirtschaftliche Freiheiten oder die Reisefreiheit. Beschränkt wird die Handlungsfreiheit durch die Rechte anderer, das Sittengesetz und die → FDGO.

(die) Informationsfreiheit Art. 5 des Grundgesetzes sagt, dass alle Bürger Zugang zu allen Informationen haben dürfen, die öffentlich zugänglich sind. Das stärkt die politische und gesellschaftliche Mitgestaltung sowie die Kontrolle des Staates durch die Bürger.

(der) Katastrophenfall Bei Naturkatastrophen wie Überschwemmungen, Erdbeben, Waldbränden oder bei Katastrophen wie Bus- und Eisenbahnunfällen, Flugzeugunglücken, Großbränden in Fabriken, Atomunfällen oder Terroranschlägen kann der Katastrophenfall ausgerufen werden, damit der Staat handeln kann. Dabei helfen die (meist ehrenamtlichen) Mitarbeiter/innen der großen Hilfsorganisationen wie Rotes Kreuz oder Technisches Hilfswerk.

(das) Mehrheitswahlrecht Man wählt mit der „Erststimme" eine Person in einem Wahlkreis. Die Person mit den meisten Stimmen in diesem Wahlkreis kommt direkt ins Parlament.

(die) Meinungsfreiheit Artikel 5 des Grundgesetzes garantiert, dass jede/r sich eine eigene Meinung bilden und äußern darf. Niemand darf daran gehindert werden, dieses Recht auszuüben, z.B. durch Demonstrationen und durch Tragen von Abzeichen oder Transparenten. Dabei sind aber andere Gesetze einzuhalten, vor allem der Jugendschutz und die anderen Grundrechte.

(die) Menschenwürde Artikel 1 des Grundgesetzes „Die Würde des Menschen ist unantastbar" besagt, dass jeder Mensch aufgrund seiner Existenz einen Wert hat, den ihm niemand nehmen kann. Der Staat muss die Menschenwürde schützen.

(die) (freie) Persönlichkeitsentfaltung Artikel 2 des Grundgesetzes garantiert in Absatz 1 die Freiheit der Person und ihrer Entfaltung sowie in Absatz 2 das Recht auf körperliche Unversehrtheit. Jeder Mensch hat ein Recht auf seine Privatsphäre. Niemand darf andere Menschen verletzen.

(die) Petition Artikel 17 des Grundgesetzes garantiert das Recht auf schriftliche Bitten oder Beschwerden an das Parlament oder den Bundespräsidenten. Die Bitte wird von Petitionsausschüssen im Bundestag oder Landesparlament genau geprüft und beantwortet.

(die) Pressefreiheit Artikel 5 des Grundgesetzes garantiert die Freiheit der Presse. Niemand darf der Presse, dem Rundfunk und dem Fernsehen diktieren, was sie berichten. Die Medien dürfen aber auch niemanden beleidigen oder anders schädigen.

(das) Quorum Bei einem Bürgerentscheid/Volksentscheid muss eine bestimmte Anzahl von Menschen teilnehmen, damit die Abstimmung gültig ist. Diese Zahl ist in vielen Bundesländern unterschiedlich.

(der) Rechtsanwalt / (die) Rechtsanwältin Er/sie hat Rechtswissenschaften studiert und vertritt andere Menschen vor Gericht, z.B. bei einer Scheidung oder wenn jemand eine Straftat begangen hat und angeklagt wird. Dafür bekommt er/sie ein Honorar. Wenn man kein Geld hat, kann man Prozesskostenhilfe beantragen, denn jeder Mensch hat das Recht auf eine Verteidigung durch einen Rechtsanwalt / eine Rechtsanwältin vor Gericht.

(die) Rechtsgleichheit Artikel 3 des Grundgesetzes garantiert die Rechtsgleichheit, das heißt, alle Menschen sind vor Gericht gleich viel wert.

(der) Rechtsschutz Alle Menschen sind durch die Gesetze geschützt und haben das Recht, sich vor Gericht zu verteidigen. Die Verteidigung übernimmt meist ein Anwalt. Wenn man kein Geld hat, kann man Prozesskostenhilfe oder Beratungshilfe beantragen oder man bekommt vom Gericht einen Pflichtverteidiger. Man kann auch eine private Rechtsschutzversicherung abschließen, die den Anwalt bezahlt.

(der) Rechtsweg Wenn ein Recht durch öffentliche Gewalt (z.B. durch die Polizei) verletzt wurde, kann man den Rechtsweg gehen, d.h. vor Gericht gehen. Artikel 19 des Grundgesetzes garantiert diesen Rechtsweg.

(der) Richter/ (die) Richterin Richter und Richterinnen treffen in einem Gerichtsprozess die Entscheidung. Richter werden vom Gericht ernannt und sind in ihrer Entscheidung von anderen Personen unabhängig. Sie müssen Rechtswissenschaften studieren und eine Praxisausbildung am Gericht machen.

(die) Richtlinienkompetenz Nach Artikel 65 des Grundgesetzes hat die Bundeskanzlerin / der Bundeskanzler das Recht, die allgemeinen Richtlinien der Regierungspolitik zu bestimmen. Die Arbeit der Ministerien muss sich innerhalb dieser Richtlinien bewegen.

(der) Schöffe / (die) Schöffin Ehrenamtliche/r Richter/in in Strafprozessen bei den Amtsgerichten und Landgerichten. Schöffen sind unabhängig, unparteiisch und haben gleiches Stimmrecht wie die Berufsrichter. Man muss deutsche/r Staatsbürger sein und zwischen 24 und 70 Jahren alt sein. Die Schöffen werden von der Gemeinde vorgeschlagen und für vier Jahre gewählt. Man kann sich bei seiner Gemeinde als Schöffe bewerben.

(der) Schutz von Ehe und Familie Art. 6.1 des Grundgesetzes garantiert den besonderen Schutz der Familien, aber er definiert in Absatz 2 auch Pflichten: Eltern müssen für ihre Kinder sorgen, auf sie aufpassen und sie erziehen (Erziehungs- und Fürsorgepflicht). Absatz 3 sagt, dass Kinder nur von ihren Eltern getrennt werden dürfen (z.B. vom Jugendamt), wenn die Eltern versagen und die Gesundheit und das Leben des Kindes in Gefahr sind.

(die) soziale Gerechtigkeit Hauptziel des Sozialstaates und der Gesellschaft. Es bedeutet, dass die Starken in der Gesellschaft den Schwachen helfen. Der Staat unterstützt Menschen in Not, z.B. durch Leistungen des Sozialamtes. Dazu trägt auch die ehrenamtliche Arbeit von Bürgern bei, z.B. durch freiwilliges Arbeiten in Schulen, Krankenhäusern und Kinderheimen.

(der) Staatsanwalt / (die) Staatsanwältin
Staatsanwälte verfolgen Straftaten vor Gericht als Vertreter der Anklage. Sie prüfen Ergebnisse der Polizei und Argumente für und gegen den möglichen Täter. Falls es zu einer Verurteilung kommt, sorgen sie dafür, dass die Strafe ausgeführt wird. Staatsanwälte sind deutsche Staatsangehörige, müssen Rechtswissenschaften studieren und eine Praxisausbildung am Gericht machen.

(die) Strafmündigkeit
Strafmündig ist man, wenn man erkennen kann, wann man gegen das Recht handelt. Bei einer Straftat wird man ab 18 Jahren nach dem normalen Strafrecht verurteilt, denn dann endet das Erziehungsrecht und die Fürsorgepflicht der Eltern. Jugendliche zwischen dem 14. und 18. Lebensjahr sind zum Teil strafmündig und können nach dem deutschen Jugendstrafrecht verurteilt werden. Kinder unter 14 Jahren sind nicht strafmündig.

(das) Verhältniswahlrecht
Bei der Bundestagswahl und auch bei vielen kommunalen Wahlen hat jede Partei eine Liste mit ihren wichtigsten Kandidaten. Die Bürger wählen mit der „Zweitstimme" eine Partei. Die Zweitstimme bestimmt, wie viele Abgeordnete einer Partei ins Parlament kommen. (Wenn eine Partei 40 Prozent der Stimmen bekommt, bekommt sie auch 40 Prozent der Sitze im Parlament). Zuerst kommen die Abgeordneten ins Parlament, die direkt gewählt wurden (→ Mehrheitswahlrecht). Die restlichen Sitze bekommen die Kandidaten auf der Parteiliste.

(die) Vertrauensfrage
Wenn die Bundeskanzlerin oder der Bundeskanzler glaubt, dass die Mehrheit im Bundestag kein Vertrauen mehr zu ihrer / seiner Politik hat, kann sie / er die Vertrauensfrage stellen. Wenn das Parlament gegen sie/ihn stimmt, kann sie/er die Bundespräsidentin / den Bundespräsidenten bitten, das Parlament aufzulösen. Dann gibt es Neuwahlen.

(die) Versammlungsfreiheit
Artikel 8 des Grundgesetzes garantiert allen Deutschen das Recht, friedlich zusammenzukommen, um z.B. gegen ein Gesetz oder einen Großbau zu demonstrieren.

(die) Vierte Gewalt
Das sind die Massenmedien (Presse, Rundfunk, Fernsehen). Sie informieren über politische Themen, kommentieren diese und helfen so den Menschen, sich eine eigene Meinung zu politischen und anderen Themen zu bilden. Somit haben die Medien einen großen Einfluss auf die Meinung der Wählerinnen und Wähler.

(das) Volksbegehren
Bei einem Volksbegehren sammeln die Bürger Unterschriften, damit sie über einen Gesetzentwurf abstimmen dürfen. Volksbegehren gibt es nur in den Bundesländern. Auf Bundesebene ist ein Volksbegehren nur bei einer Neugliederung von Bundesländern möglich. Auf kommunaler Ebene heißt das Volksbegehren → Bürgerbegehren.

(der) Volksentscheid
Bei Volksentscheiden entscheiden Bürger eines Bundeslandes direkt über eine politische Frage, z.B. den Bau eines Flughafens oder die Auflösung des Landtags. In Kommunen heißt der Volksentscheid → Bürgerentscheid. Vor dem Volksentscheid kann es das sogenannte Volksbegehren geben. Dabei fordert eine bestimmte Anzahl an Wahlberechtigten per Unterschrift einen Volksentscheid. Ein anderer häufiger Name für Volksentscheid ist „Referendum". Die genauen Regelungen sind in den einzelnen Bundesländern unterschiedlich.

(der) Wahlhelfer / (die) Wahlhelferin
Wahlhelfer helfen ehrenamtlich bei Wahlen. Sie passen z.B. im Wahllokal auf, dass die Wahl korrekt verläuft. Man muss als Wahlhelfer arbeiten, wenn einen die Gemeinde dazu bestimmt. Meist verpflichtet sie eigene Mitarbeiter/innen.

Modul 2

(der) antifaschistische Schutzwall
DDR-Bezeichnung für die Berliner Mauer

(die) Arbeitnehmerfreizügigkeit
Die Arbeitnehmerfreizügigkeit soll den Menschen aus EU-Staaten ermöglichen, im gesamten EU-Gebiet zu arbeiten. Für Menschen aus einigen neuen EU-Staaten gibt es allerdings Einschränkungen in Deutschland. Sie können zwar in Deutschland wohnen (→ Niederlassungsfreiheit), aber sie bekommen nur im Ausnahmefall eine Arbeitserlaubnis.

(die, Pl.) Arbeitsmigranten
Menschen, die ab den 1960er-Jahren als Gastarbeiter in die Bundesrepublik Deutschland oder später als Vertragsarbeitnehmer in die DDR kamen

(die, Pl.) Asylbewerber
Menschen, die als Flüchtlinge nach Deutschland kommen und hier um politisches Asyl bitten, weil sie im Herkunftsland verfolgt werden

(die, Pl.) Bürgerkriegsflüchtlinge
Flüchtlinge, die wegen eines Kriegs oder Bürgerkriegs aus ihrer Heimat flüchten mussten und in Deutschland aufgenommen wurden. Die meisten dieser Menschen in Deutschland stammen aus dem ehemaligen Jugoslawien und kamen in den 1990er-Jahren nach Deutschland.

(das) Deutsche Kaiserreich	Name des deutschen Staates von 1871 bis 1918. Grundlage des Kaiserreichs war die Reichsverfassung von 1871, die einen föderativen Staatsaufbau aus 25 Bundesstaaten und dem Reichsland Elsass-Lothringen vorsah. An der Spitze stand der Kaiser (die Könige von Preußen: Wilhelm I., Friedrich III. und Wilhelm II.), der den Reichskanzler ernannte. Das Kaiserreich wurde durch den ersten Reichskanzler Otto von Bismarck geprägt, der durch seine autoritäre Politik, aber auch durch die Einführung der Sozialversicherung bekannt wurde.
(die) Dienstleistungsfreiheit	Eine der vier Freiheiten des EU-Binnenmarktes. Ein Unternehmen eines EU-Mitgliedsstaates darf seine Dienstleistungen in allen anderen Mitgliedsstaaten anbieten. Dabei müssen die Arbeitgeber bestimmte Standards einhalten. Für bestimmte Branchen (z.B. die Braubranche) gibt es Sonderregeln, ebenso für neue Mitgliedsstaaten.
(der) Einparteienstaat	Ein Einparteienstaat ist ein Staat, in dessen Parlament nur eine Partei vertreten ist. Beispiele in Deutschland waren der nationalsozialistische Einparteienstaat (1933 bis 1945) und die DDR. Dort gab es neben der SED nur die sogenannten Blockparteien. Da diese Blockparteien keine Opposition zur Regierungspartei bilden konnten und keine Macht hatten, war die DDR faktisch ein Einparteienstaat. Das Gegenteil ist der Mehrparteienstaat, in dem im Parlament mehrere Parteien vertreten sind.
(die) Entspannungspolitik	Politik, die Anfang der 1970er-Jahre den „Kalten Krieg" zu beenden und die westlichen Staaten und den Ostblock anzunähern. In Deutschland setzte sich vor allem die Regierung unter Bundeskanzler Willy Brandt für eine Normalisierung der Beziehungen zwischen den Blöcken ein, insbesondere für ein besseres Verhältnis zwischen der Bundesrepublik Deutschland und der DDR. Wichtige Stationen der Entspannungspolitik waren die Anerkennung der Staatsgrenzen sowie die Abrüstung.
(die) europäische Einigung	Prozess der wirtschaftlichen und politischen Integration der europäischen Staaten. Aus der historischen Erfahrung von zwei Weltkriegen im 20. Jahrhundert lernte man, dass Frieden und Sicherheit in Europa nur gemeinsam erreicht werden können. Die europäische Einigung basiert auf Freiheit, Demokratie, Achtung der Menschenrechte und der Grundfreiheiten sowie der Rechtsstaatlichkeit (Vertrag von Amsterdam 1997). Weitere Prinzipien: gemeinsamer Binnenmarkt, gemeinsame Währung.
(die) Eurozone	Staaten der EU, die im Rahmen der europäischen Wirtschafts- und Währungsunion 2002 den EURO als offizielle Währunq einführten
(die, Pl.) Flüchtlinge	Menschen, die ihr Heimatland verlassen mussten und in Deutschland Schutz suchen
(die) Freiheit des Kapitalverkehrs	Eine der vier Freiheiten des EU-Binnenmarktes. Investitionen, Wertpapiere, Kredite, Bürgschaften und Vermögenswerte sollen frei zwischen den EU-Staaten wechseln können. Zum Schutz der Währungen und der Finanzmärkte dürfen die Staaten jedoch intervenieren.
(die, Pl.) (vier) Freiheiten des Binnenmarktes	Die EG-Mitgliedsstaaten schufen zum 31.12.1992 einen Raum ohne Binnengrenzen, in dem der freie Verkehr von Waren, Personen, Dienstleistungen und Kapital gewährleistet ist („vier Freiheiten").
(die) innere Einheit	gemeinsame politische Kultur, geteilte Einstellungen und Werte West- und Ostdeutscher seit der Wiedervereinigung
(die) jüdische Zuwanderin / (der) jüdische Zuwanderer	Jüdische Emigranten aus der ehemaligen UdSSR. Sie helfen dabei, die jüdischen Gemeinden in Deutschland mit neuem Leben zu füllen.
(der) Marshall-Plan	Am 5. Juni 1947 präsentierte der damalige US-Außenminister George C. Marshall seinen Plan vom Wiederaufbau (West-)Deutschlands und (West-)Europas. Insgesamt lieferten die USA bis 1952 Waren, meist Rohstoffe, im Wert von etwa 15 Milliarden US-Dollar nach Europa.
(die) Niederlassungsfreiheit	Eine der vier Freiheiten des europäischen Binnenmarktes. Sie bedeutet, dass jeder EU-Bürger in einem anderen Staat der EU wohnen darf.
(die) Ostintegration	Politische, wirtschaftliche und militärische Integration Ostdeutschlands in die Gemeinschaft der osteuropäischen Staaten. Wichtigste Stationen waren der Beitritt zum Rat für gegenseitige Wirtschaftshilfe (RGW) und zum Militärbündnis Warschauer Pakt.
(das) Paulskirchenparlament	Die Frankfurter Nationalversammlung war das erste frei gewählte Parlament für ganz Deutschland. Es tagte am 18. Mai 1848 in der Frankfurter Paulskirche und wird daher als Paulskirchenparlament bezeichnet. Sie schrieb eine demokratische Verfassung, die die Einigung der einzelnen deutschen Staaten vorsah mit einer konstitutionellen Monarchie als Staatsform. Die Verfassung scheiterte, beeinflusste aber die Weimarer Reichsverfassung von 1919 und das Grundgesetz der Bundesrepublik Deutschland von 1949.
(die, Pl.) Römischen Verträge	Die Römischen Verträge wurden am 25. März 1957 von Belgien, Deutschland, Frankreich, Italien, Luxemburg und den Niederlanden in Rom unterschrieben. Gegenstand waren die Europäische Wirtschaftsgemeinschaft (EWG) und die Europäische Atomgemeinschaft (EURATOM). Die sechs Länder vereinbarten den freien Dienstleistungs-, Personen-, Waren- und Kapitalverkehr, eine gemeinsame Handelspolitik sowie europäische Institutionen. Dies war der Beginn der europäischen Integrationspolitik, die 1992 mit den Maastrichter Verträgen zur Gründung der Europäischen Union (EU) führte.

(die, Pl.) Spätaussiedler	Menschen mit deutscher Abstammung aus osteuropäischen Ländern. Seit 1993 dürfen diese nach Deutschland einwandern.
(die) Stasi	Kurzwort für Ministerium für Staatssicherheit, Geheimdienst der DDR. Das Wort hat einen negativen Klang, weil die „Stasi" vor allem eigene Staatsbürger ausspionierte. Viele Menschen in der DDR wurden daraufhin aus politischen Gründen verhaftet und zu Gefängnisstrafen verurteilt.
(die) Währungsunion	die EU-Staaten, die den Euro als gemeinsame Währung eingeführt haben
(die) Warenverkehrsfreiheit	Waren sollen innerhalb der EU frei zirkulieren können. Kein Land soll durch Zölle oder andere Beschränkungen benachteiligt werden.
(die) Weimarer Republik	So nennt man den deutschen Staat in der Zeit von 1919 bis 1933. Nach dem Ende des Ersten Weltkriegs und des Kaiserreichs schrieb die Nationalversammlung in der Stadt Weimar eine demokratische Verfassung. Damit wurde Deutschland ein parlamentarisch-demokratischer Bundesstaat. Politische und wirtschaftliche Probleme führten die Weimarer Republik Ende der 1920er-Jahre in immer stärkere Krisen. 1933 wurde sie durch die Machtergreifung Adolf Hitlers aufgelöst.
(die) Weltwirtschaftskrise	In Deutschland die Zeit zwischen 1929 bis 1933. Am „Schwarzen Freitag", dem 25. Oktober 1929, brach die Börse in New York zusammen. Viele Menschen verloren ihr Geld, Unternehmen gingen bankrott und bis zu 30 Millionen Menschen wurden arbeitslos. Durch diese Krise war auch die Weimarer Republik stark betroffen.
(die) Westintegration	Politische, wirtschaftliche und militärische Integration Westdeutschlands in die Gemeinschaft der westeuropäischen Staaten und der USA unter Kanzler Konrad Adenauer. Dabei spielten das Engagement der Bundesrepublik Deutschland in den Vorläuferorganisationen der EU und ihr Beitritt zur NATO sowie zu vielen anderen internationalen Organisationen eine wichtige Rolle.
(der) Volksaufstand	17. Juni 1953. Ostberliner Bauarbeiter protestierten gegen schlechte Arbeitsbedingungen und für freie Wahlen. Sowjetische und DDR-Soldaten beschossen die Demonstranten, es gab viele Tote, Tausende Menschen kamen ins Gefängnis.

Modul 3

(die) Diskussions-/Streit-/Konfliktkultur	Auseinandersetzungen sollen nach bestimmten Regeln geführt werden. Wichtige Prinzipien sind dabei die Gewaltlosigkeit, die Ausgewogenheit („alle Seiten sollen gehört werden") und das Finden eines Kompromisses. Um dies zu garantieren, werden in Deutschland häufig Gerichte oder Mediatoren als neutrale Vermittler eingeschaltet. Streit-/Diskussions- und Konfliktkultur wird z.B. an Schulen und Universitäten in Projekten und Klubs geübt und gepflegt.
(die) Interkulturalität	Interkulturalität bedeutet, dass in einer Situation verschiedene Menschen aus verschiedenen Kulturen handeln. Aus der Kombination mehrerer Kulturen entsteht ein Austausch, weil die Gemeinsamkeiten zwischen den Menschen größer sind als die Unterschiede.
(der) interreligiöse Dialog	Diskussion, Begegnung oder Zusammenarbeit zwischen Vertretern verschiedener Religionen, um gegenseitiges Verständnis und Toleranz zu fördern
(die) Konfliktbewältigung	friedliche und geregelte Form der Lösung von Konflikten durch Methoden wie außergerichtliche Einigung, Schlichtung (meist mit einem Anwalt oder Mediator), gerichtliche Verfahren oder, z.B. am Arbeitsplatz, mithilfe neutraler Dritter (Supervisoren, Streitschlichter, Vermittler). Häufig werden Konflikte auch in Eigeninitiative gelöst, indem man eine bestimmte Streitkultur pflegt.

Grundgesetz für die Bundesrepublik Deutschland

Wichtige Artikel für den Orientierungskurs

Die folgenden Artikel des Grundgesetzes sind Grundlage für den Orientierungskurs und sind hier im originalen Wortlaut abgedruckt. Im Orientierungskurs sollen sie nicht im Detail behandelt werden, es genügen die wichtigsten Inhalte, wie diese in den einzelnen Modulen von *Zur Orientierung* behandelt werden:

Artikel		Modul / Seite
1	Achtung der Menschenwürde	1 / 22
2	Recht auf Leben und körperliche Unversehrtheit	1 / 22
3	Gleichberechtigung	1 / 22
4	Religions- und Glaubensfreiheit	1 / 22; 3 / 69
5	Recht auf freie Meinungsäußerung	1 / 22
6	Schutz der Familie	3 / 58 – 61
38	Bundestag, Wahlrecht	1 / 13 – 16

I. Die Grundrechte

Artikel 1

(1) Die Würde des Menschen ist unantastbar. Sie zu achten und zu schützen ist Verpflichtung aller staatlichen Gewalt.
(2) Das Deutsche Volk bekennt sich darum zu unverletzlichen und unveräußerlichen Menschenrechten als Grundlage jeder menschlichen Gemeinschaft, des Friedens und der Gerechtigkeit in der Welt.
(3) Die nachfolgenden Grundrechte binden Gesetzgebung, vollziehende Gewalt und Rechtsprechung als unmittelbar geltendes Recht.

Artikel 2

(1) Jeder hat das Recht auf die freie Entfaltung seiner Persönlichkeit, soweit er nicht die Rechte anderer verletzt und nicht gegen die verfassungsmäßige Ordnung oder das Sittengesetz verstößt.
(2) Jeder hat das Recht auf Leben und körperliche Unversehrtheit. Die Freiheit der Person ist unverletzlich. In diese Rechte darf nur auf Grund eines Gesetzes eingegriffen werden.

Artikel 3

(1) Alle Menschen sind vor dem Gesetz gleich.
(2) Männer und Frauen sind gleichberechtigt. Der Staat fördert die tatsächliche Durchsetzung der Gleichberechtigung von Frauen und Männern und wirkt auf die Beseitigung bestehender Nachteile hin.
(3) Niemand darf wegen seines Geschlechtes, seiner Abstammung, seiner Rasse, seiner Sprache, seiner Heimat und Herkunft, seines Glaubens, seiner religiösen oder politischen Anschauungen benachteiligt oder bevorzugt werden. Niemand darf wegen seiner Behinderung benachteiligt werden.

Artikel 4

(1) Die Freiheit des Glaubens, des Gewissens und die Freiheit des religiösen und weltanschaulichen Bekenntnisses sind unverletzlich.
(2) Die ungestörte Religionsausübung wird gewährleistet.
(3) Niemand darf gegen sein Gewissen zum Kriegsdienst mit der Waffe gezwungen werden. Das Nähere regelt ein Bundesgesetz.

Artikel 5

(1) Jeder hat das Recht, seine Meinung in Wort, Schrift und Bild frei zu äußern und zu verbreiten und sich aus allgemein zugänglichen Quellen ungehindert zu unterrichten. Die Pressefreiheit und die Freiheit der Berichterstattung durch Rundfunk und Film werden gewährleistet. Eine Zensur findet nicht statt.
(2) Diese Rechte finden ihre Schranken in den Vorschriften der allgemeinen Gesetze, den gesetzlichen Bestimmungen zum Schutze der Jugend und in dem Recht der persönlichen Ehre.
(3) Kunst und Wissenschaft, Forschung und Lehre sind frei. Die Freiheit der Lehre entbindet nicht von der Treue zur Verfassung.

Artikel 6

(1) Ehe und Familie stehen unter dem besonderen Schutze der staatlichen Ordnung.
(2) Pflege und Erziehung der Kinder sind das natürliche Recht der Eltern und die zuvörderst ihnen obliegende Pflicht. Über ihre Betätigung wacht die staatliche Gemeinschaft.
(3) Gegen den Willen der Erziehungsberechtigten dürfen Kinder nur auf Grund eines Gesetzes von der Familie getrennt werden, wenn die Erziehungsberechtigten versagen oder wenn die Kinder aus anderen Gründen zu verwahrlosen drohen.
(4) Jede Mutter hat Anspruch auf den Schutz und die Fürsorge der Gemeinschaft.
(5) Den unehelichen Kindern sind durch die Gesetzgebung die gleichen Bedingungen für ihre leibliche und seelische Entwicklung und ihre Stellung in der Gesellschaft zu schaffen wie den ehelichen Kindern.

II. Der Bundestag

Artikel 38

(1) Die Abgeordneten des Deutschen Bundestages werden in allgemeiner, unmittelbarer, freier, gleicher und geheimer Wahl gewählt. Sie sind Vertreter des ganzen Volkes, an Aufträge und Weisungen nicht gebunden und nur ihrem Gewissen unterworfen.
(2) Wahlberechtigt ist, wer das achtzehnte Lebensjahr vollendet hat; wählbar ist, wer das Alter erreicht hat, mit dem die Volljährigkeit eintritt.
(3) Das Nähere bestimmt ein Bundesgesetz.

0 Kleines Deutschlandquiz

Seite 6
1 richtig: b, d, e, f, h, i, j, l, m

Seite 7
1 **a** 10, **b** 11, **c** 5, **d** 7, **f** 8, **g** 2, **h** 9, **i** 6, **j** 3, **k** 4

Seite 8
1 **1** a; **2** e, g; **3** d; **4** b; **5** c; **6** f
2 **b** Fundbüro, **c** Meldebehörde, **d** Standesamt, **e** Ausländerbehörde, **f** Standesamt, **g** Gewerbeamt, **h** Sozialamt
4a Müllabfuhr, Gesundheitsuntersuchungen, Sozialamt, Schwimmbäder, Jugendzentrum, Gewerbeamt, Einwohnermeldeamt
4b **2** d, **3** a, **4** b

1 Politik in der Demokratie

Seite 9
1 richtig: b, c, e, f, g, k, n

Seite 10
1a richtig: 1, 3, 4, 5, 7
1b **1** a, **3** b, **4** c, **5** e, **7** d
2 richtig: a

Seite 11
4 **1** c, **2** b, **3** b
5a 2, 6, 7

Seite 12
3 Siehe Karte im Buchumschlag

Seite 13
4 Bund: Bundestag, Bundesversammlung, Bundesregierung, Bundeskanzler/in, Bundesrat
Länder: Landtag, Ministerpräsident/in
5 **a** Bundesregierung, **b** Bundestag, **c** Landtag, **d** Bundeskanzler/in, **e** Landesregierung, **g** Bundespräsident/in, **h** Ministerpräsident/in, **i** Bundesrat

Seite 14
8a **b** Bundeskanzler/in; **c** Bundesminister/innen; **d** Landtag; **e** Landesregierungen, Ministerpräsident/in; **f** Bundesrat; **g** Bundespräsident/in, Bundesversammlung

Seite 15
1 SPD: ... soziale Gerechtigkeit
CDU/CSU: 1945, christliche Werte, soziale Marktwirtschaft
Bündnis 90 / Die Grünen: 1990, Frieden, Naturschutz
FDP: 1948, Liberalismus, Arbeitsplätze, Bildung
Die Linke.: 2007, soziale Gerechtigkeit, Frieden, Sozialismus

Seite 16
4 **a** 5, **c** 4, **d** 1, **e** 3
5a SPD: 25,7 %, CDU: 18,9 % – CDU/CSU: 24,1 %, Grüne: 14,8 %, FDP: 11,5 %, AfD: 10,3 %, CSU: 5,2 %, DIE LINKE: 4,9 %
5b **b** SPD, FDP, Bündnis 90 / Die Grünen;
c CDU/CSU, FDP, Bündnis 90 / Die Grünen;
d SPD, Die Linke., Bündnis 90 / Die Grünen;
e SPD, Bündnis 90 / Die Grünen

Seite 18
2a Gewaltenteilung: die Macht des Staates ist geteilt
Verfassung: eine Sammlung von Regeln
2c Dann ist der Staat kein Rechtsstaat, sondern eine Diktatur. Die Menschen haben keine Garantie für ihre Freiheit und ihre Rechte.

Seite 19
3 Lösung auf Seite 35

Seite 20
1 richtig: c, d, e
3b **1** Bürger und Bürgerinnen sollen über ein Einkaufszentrum entscheiden, **2** Mieter streiten um Garten im Hof

Seite 21
4 **b** 2, **c** 3, **d** 1
6 richtig: b, c

Seite 22
1 Rechte: c, d, e, g; Pflichten: c, d, f, g
2 von links nach rechts: 7, 2, 6, 1, 4, 5, 3
2 Steuerpflicht, **3** Recht auf freie Meinungsäußerung, **4** Gleichberechtigung, **5** Schulpflicht, **6** Ausweispflicht

Seite 23
4a richtig: d, e, f
5a **1** Arbeitsrecht, **2** Verkehrsrecht, **3** Mietrecht, **4** Familienrecht, **6** Steuerrecht
5b **1** Finanzgericht, **3** Amtsgericht, **4** Arbeitsgericht, **5** Sozialgericht

Seite 24
6 1f, 2h, 3b, 4g, 5d, 6a, 7c, 8e

Seite 25
8a a3, b5, c6, d1, e8, f9, g2, h11, i4, j7, k13, l15, m14, n10, o16, p12

Seite 26
1 weiß: Staat; hellorange: Bundesländer, Stadtstaaten; orange: Städte, Gemeinden
2 Bund: (Bundespolizei), Außenpolitik, Bundeswehr, Gesetzesbildung; Bundesländer / Stadtstaaten: Polizei, Bildung, Kultur, Gesetzesbildung; Städte und Gemeinden: Sozialarbeit, öffentlicher Nahverkehr, Wasserversorgung, Kultur

Seite 27
1 **2** d, e–j; **3** c, e–j; **4** d, e–j; **5** b; **6** e–j
2 **b** 2, **c** 2, **d** 1

Seite 28
4b PV: Pflegeversicherung, RV: Rentenversicherung, AV: Arbeitslosenversicherung
5a Rentenversicherung, Arbeitslosenversicherung, Lohnsteuer, Krankenversicherung, Pflegeversicherung
5b **1** Krankenversicherung, **2** Rentenversicherung, **3** Pflegeversicherung, **4** Arbeitslosenversicherung
6b richtig: a, c, e

Seite 29
7b richtig: a, c, d, e, f

Seite 30
1 1, 1, 1, 2, 2
2a **1** b, **2** a, c, g

Seite 31
2b richtig: 4, 5, 7
4 **b** 4, **c** 2, **d** 1

Seite 32
5b (a) freier Markt; (b) Kündigungsschutz, Arbeitnehmerschutz
5c **2** a, **3** b

Seite 34
SH = Schleswig-Holstein, **MV** = Mecklenburg-Vorpommern, **NI** = Niedersachsen, **ST** = Sachsen-Anhalt; **BB** = Brandenburg; **NRW** = Nordrhein-Westfalen; **HE** = Hessen; **HB** = Freie Hansestadt Bremen; **TH** = Thüringen; **SN** = Sachsen; **RLP** = Rheinland-Pfalz; **SL** = Saarland; **BW** = Baden-Württemberg; **BY** = Bayern; **BE** = Berlin; **HH** = Freie Hansestadt Hamburg

2 Geschichte und Verantwortung

Seite 37
1 **a** 5, Bau der Berliner Mauer 1961; **b** 1, Herrschaft der Nationalsozialisten 1933–1945; **c** 2, Zweiter Weltkrieg 1939–1945; **d** 7, Fall der Berliner Mauer 9.11.1989; **e** 3, Konferenz von Jalta 1945; **f** 6, DDR-Flüchtlinge in der deutschen Botschaft in Prag 1989; **g** 8, Einführung des Euros 2002; **h** 4, Teilung Deutschlands 1949–1990

Seite 38

9.11.1938: 4, 1.9.1939: 1, 1942: 2, 6.6.1944: 5, 20.7.1944: 7, 30.4.1945: 6

Seite 39
3 richtig: 3, 5
4 von links: 2, 4, 3, 1

Seite 40
1 **2** f, **3** c, **4** b, **5** a, **6** e

Seite 41
2b alle Fotos passen
3 **b** 3, **c** 4, **d** 1

Seite 43
1a **b** 2, **c** 1, **d** 2, 1; **e** 1, 1, **f** 2; **g** 2, 2, **h** 2; **i** 2, **j** 2, 1
1b **1** b, **2** d (NATO), **3** f, **4** g, **5** h, **6** i, **7** d (Warschauer Pakt), **8** a, **9** c, **10** e, **11** j

Seite 44
2a **2** c, **3** a, **4** e, **5** b, **6** f
3 **a** Svenja Tönnies, **b** Jürgen Rehm, **c** Eva Gutmann

Seite 45
2a Thorsten Kwiatkowski: ca. 60, Polen, hier geboren, Urgroßeltern kamen hierher
Jevgenij Vodolazkin: 22, Ukraine, vor 10 Jahren, jüdische Gemeinde
Rosanna Sana: 37, Italien, in den 1960er-Jahren (Eltern), Arbeit
Ling Sun: 42, China, vor 20 Jahren, politische Verfolgung
Cem Mercimek: 29, Türkei, vor einem Jahr, Frau lebt in Deutschland / Deutsch lernen

Seite 46
3 links: 1, 4; rechts: 2, 3, 5, 6, 7, 8

Seite 47
2 richtig: b, c

Seite 48
2 richtig: 2, 4
4b 1973: Dänemark, Irland, Großbritannien
1981: Griechenland
1986: Portugal, Spanien
1995: Finnland, Österreich, Schweden
2004: Estland, Lettland, Litauen, Malta, Polen, Slowakei, Slowenien, Tschechien, Ungarn, Republik Zypern
2007: Bulgarien, Rumänien
2013: Kroatien

Seite 49
6a **1** Italien, **2** Luxemburg, **3** Vatikan, **4** Irland, **5** Spanien, **6** Deutschland, **7** Österreich
6b Einführung: 1.1.2002 / 2015 / Belgien, Deutschland, Estland, Finnland, Frankreich, Griechenland, Irland, Italien, Lettland, Litauen, Luxemburg, Malta, Monaco, Niederlande, Österreich, Portugal, San Marino, Slowakei, Slowenien, Spanien, Vatikanstadt und Zypern
Euro-Scheine
Euro-Münzen

3 Mensch und Gesellschaft

Seite 53
1 **1** d, h, i, n; **2** e; **3** f, l, o; **4** b, k, m; **5** c, g, (m), p; **6** a, i, q

Seite 54
1a von oben nach unten:
2, 11, 7, 8, 6, 9, 10, 1, 12, 3, 5, 4

Seite 55
2a deutsche Dialekte: 1, 3, 5, 6
2b **1** Berlinisch, **3** Bairisch, **5** Kölsch, **6** Plattdeutsch
2c Berlinisch: Berlin, Bairisch: Bayern, Kölsch: Köln, Plattdeutsch: Norddeutschland (Küstenregionen)
4 in Liechtenstein, Österreich und der Schweiz; in Teilen von Belgien, Dänemark, Italien, der Slowakei (in einer Gemeinde) und Vatikanstadt
5a nicht aus Deutschland: Döner, Pizza
5b **c** 6, **d** 3, **e** 2, **f** 4, **h** 5

Seite 56
7a **a** 10, **b** 2, **c** 1, **d** 7, **e** 8, **f** 5, **g** 4, **h** 6, **i** 3, **j** 9
7b **a** Berlin und Brandenburg, **b** Bayern, **c** Thüringen, **d** Sachsen und Sachsen-Anhalt, **e** Baden-Württemberg, **f** Hamburg und Schleswig-Holstein, **g** Hessen, Rheinland-Pfalz und Saarland, **h** Nordrhein-Westfalen, **i** Bremen und Niedersachsen, **j** Mecklenburg-Vorpommern

Seite 57
1 über dem Wasser: Sprache, Aussehen, Verhalten, Produkte; unter dem Wasser: Werte, Normen, Einstellungen, Sitten, Gebräuche, Vorschriften, Erwartungen

Seite 58
1a von oben nach unten und von links nach rechts: 7; 5; 1; 6; 4; 2

Seite 59
1b **1** in Partnerschaft lebend, **3** traditionelle Familie, **4** Großfamilie, **5** binationale Familie, **6** Single-Haushalt, **7** gleichgeschlechtliche Lebensgemeinschaft
2a nur die Personen 1 und 3 dürfen in keiner Kombination vorkommen
2b **1** nein, **2** ja, **3** ja, **4** ja

Seite 62
5a Julians Eltern
5b Julian: 1, 6, 7, 8; Chiara: 2, 3 ,4, 5
7 Katze: 1; Hund: 2; Kaninchen, Maus: 3; Vogel: 4; Fisch: 5; Schlange: 6

Seite 63
8b 5, 6, 1, 2, 4
8c richtig: 2, 4, 5, 6, 8

Seite 64
1a richtig: 2, 5, 7
1b Tagesmutter: ab der Geburt, Kinderkrippe: ab 6 Wochen, Kindergarten: ab 3 Jahren

Seite 65
5b richtig: b, d, g, h

Seite 67
8a richtig: 4
8b Jasmin: 16, Hauptschule, Quali, Zahnarzthelferin
Hermann: 35, Buchhändler, Bürokaufmann
Svenja: 38, Übersetzerin, selbstständig sein
Kinga: 22, Fachakademie, Erzieherin

Seite 68
9a alle außer „IHK"
9b richtig: a, b, e

Seite 69
1 richtig: c, g, h
2 Person 2: ja, ausgetreten
Person 3: nein, keine Aussage
Person 4: ja, muslimisch

Seite 70
4 eine Taufe
5a **1** a: Weihnachten (abgebildet: eine Krippe)
2 c: Fronleichnam (abgebildet: eine Fronleichnamsprozession)
3 d: Ostern (abgebildet: ein Kreuz)
4 b: Heilige Drei Könige (abgebildet: Sternsinger)

Seite 72
3a **1** b, **2** a, **3** c
3b **1** c; **2** a, d; **3** b; **4** a

Seite 74
6 richtig: b, c, d

Seite 75
7b **1** etwas auf den Punkt bringen, **2** beleidigte Leberwurst, **3** Vitamin B, **4** auf die Minute genau, **5** eins nach dem anderen, **6** erst die Arbeit, dann das Vergnügen, **7** Zeit ist Geld

Seite 76
9a **A** 3, **B** 6, **C** 5, **D** 2, **E** 4, **F** 1
9c Musterlösung:
1 Rauchen, das Fahrrad auf der Treppe abstellen und Grillen ist immer verboten. 2 Nachts darf man keinen Lärm machen, also keine laute Musik hören, nicht staubsaugen und auch Kinder dürfen nicht laut sein. 3 Am Sonntagmorgen darf man auch keinen Lärm machen, genauso wie nachts.

Seite 77
10 A, eventuell B

Quellenverzeichnis

Cover: von links nach rechts © MEV/Balzerek Reinhard; © PantherMedia/Beate Tuerk; © MEV/Krieger Tim; © MEV/S.N.A.P. Fotodesign
Umschlag Innenseite: Karte © www.cartomedia-karlsruhe.de
Seite 6: von links: © MEV/S.N.A.P Fotodesign; © Volkswagen AG; © PantherMedia/Bernd Kröger; © PantherMedia/photobag; unten von links: © PantherMedia/Markus C. Hurek; © Hueber Verlag/Dieter Reichler; © fotolia/Yvonne Bogdanski
Seite 7: Stadtplan © www.cartomedia-karlsruhe.de
Seite 8: 1 © visum/Georg Schoenharting; 2 und 4 © Matthias Gaidosch; 3 © BilderBox/Erwin Wodicka; 5 © irisblende.de; 6 © studio v-zwoelf – stock.adobe.com
Seite 9: oben von links: ddp Images/Mika Schmidt; © action press/Georg Moritz; © PantherMedia/Michaela Moritz; © Deutscher Taschenbuch Verlag; unten von links: © Statistisches Bundesamt; © Keystone/Jochen Zick; © mauritius images; Infostand: © Bürgerinitiative Blauer Himmel über Ilmenau e.V., Reimond Hennig, Lüneburg, www.ilmenauhimmel.de
Seite 10: 1: © Thinkstock/iStock/armvector; 2: © fotolia/Foto Füchsin; 3: © fotolia/Thaut; 4: © Bundesministerium des Innern und für Heimat, Protokoll Inland der Bundesregierung; 5: © Thinkstock/iStock/magann; 6: © Deutscher Taschenbuch Verlag; 7: © Getty Images/iStock/kruwt; © MEV/Photodesign Müller
Seite 11: Ü4: Haydn © Juulijs – stock.adobe.com; Heinrich Hoffmann von Fallersleben © Georgios Kollidas – stock.adobe.com
Seite 12: Karte: © Hueber Verlag
Seite 13: Bundeskanzler Olaf Scholz © actionpress/Christian Marquardt; Bundesminister/Innen © ddp Images/Mika Schmidt; Bundestag © PantherMedia/Markus C. Hurek, Wähler/Innen (ganz Deutschland) © Thinkstock/iStock/rclassen-layouts; Bundespräsident © Peter Probst/Alamy Stock Foto – Frank-Walter Steinmeier – *05.01.1956: deutscher Politiker der SPD, 2005 bis 2009 Außenminister, 12. Bundespräsident des Bundesrepublik Deutschland; Bundesversammlung © action press/Ukas,Michael – Deutsche Präsidentschaftswahl 2017 (offiziell die 16. Bundesversammlung) am 12. Februar 2017 in Berlin, Deutschland. Frank-Walter Steinmeier wird zum neuen Bundespräsidenten gewählt bei der Wahl zum deutschen Bundespräsidenten durch die 16. Bundesversammlung in Berlin – Olaf Scholz, Hannelore Kraft, Sigmar Gabriel und Thomas Oppermann gratulieren.; Bundesrat © dpa Picture-Alliance/dpa/dpaweb|Daniel Karmann – Blick in den Plenarsaal während der Bundesratssitzung am Freitag (27.05.2005) in Berlin. Zwei Wochen nach dem Bundestag ist der Bundesrat zusammengekommen, um über die EU-Verfassung abzustimmen. Für die Ratifizierung wird eine fast einhellige Zustimmung erwartet. Mecklenburg-Vorpommern will sich wegen unterschiedlicher Positionen in der rot-roten Koalition enthalten.; Ministerpräsident © dpa Picture-Alliance/Monika Skolim – Michael Kretschmer, Generalsekretär des CDU-Landesverbandes Sachsen, blickt am 15.11.2017 während der Sitzung des Sächsischen Landtages in Dresden (Sachsen) für ein Porträt in die Kamera; Landesminister/Innen © dpa Picture-Alliance/Sebastian Kah – Sachsens Kabinettsmitglieder in der 1. Reihe von links: Kultusminister Christian Piwarz (CDU), Sozialministerin Barbara Klepsch (CDU), Ministerpräsident Michael Kretschmer (CDU), Wirtschaftsminister Martin Dulig (SPD) und Landwirtschaftsminister Thomas Schmidt (CDU). In der 2. Reihe von links: Justizminister Sebastian Gemkow (CDU), Integrationsministerin Petra Köpping (SPD), Innenminister Roland Wöller (CDU), Finanzminister Matthias Haß (CDU), Wissenschaftsministerin Eva-Maria Stange (SPD), und der Chef der Staatskanzlei, Oliver Schenk (CDU), stehen am 18.12.2017 in der Sächsischen Staatskanzlei in Dresden (Sachsen) für ein Gruppenfoto zusammen. Ministerpräsident Kretschmer hat am gleichen Tag sein Kabinett mit vier neuen Ministern vorgestellt. (zu dpa „Vier neue Minister – Regierungschef stellt sein Kabinett vor" vom 18.12.2017); Landtag © ddp images
Seite 14: oben © PantherMedia/Markus C. Hurek; unten © Bundesrat
Seite 15: Logos: © SPD; © CDU/CSU; © Die Linke; © BÜNDNIS 90/DIE GRÜNEN/gruene.de; © FDP/Liberalverlag; © AfD
Seite 16: Ü3: 1 © Statistisches Bundesamt, Wiesbaden; 2 © eyewave - stock.adobe.com; 3 © dpa Picture-Alliance/Hannibal Hanschke – Der neu gewählte Bundeskanzler Olaf Scholz und Bundespräsident Frank-Walter Steinmeier posieren für ein Gruppenfoto zusammen mit neu ernannten Kabinettsministern während einer Zeremonie im Schloss Bellevue in Berlin, Deutschland, am 8. Dezember 2021.; © SPD; © BÜNDNIS 90/DIE GRÜNEN/gruene.de; © FDP; 4 © fotolia/Christian Schwier; 5 © PantherMedia/Markus C. Hurek
Seite 17: von oben: © fotolia/Lucky Dragon; © Thinkstock/iStock/brandonaaron; © fotolia/afreitag1807; © fotolia/Henry Czauderna; © fotolia/twoandonebuilding; © fotolia/ArTo
Seite 18: von links: © imageBROKER.com GmbH & Co. KG/Alamy Stock Foto – Bundeswirtschaftsminister Robert Habeck vor Beginn seiner Regierungserklärung im Deutschen Bundestag, Berlin, 26. Januar 2023; © Polizei München; © picture-alliance/dpa|Uli Deck – Der Zweite Senat des Bundesverfassungsgerichts in Karlsruhe, (l–r) Udo Di Fabio, Gertrude Lübbe-Wolff, Lerke Osterloh, Rudolf Mellinghoff und Winfried Hassemer, betritt am 23.10.2002 den Gerichtssaal zu Beginn der mündlichen Verhandlung über die Länderklage gegen das Zustandekommen des Zuwanderungsgesetzes. Das BVG prüft, ob das Gesetz trotz des zunächst gespaltenen Votums des Landes Brandenburg gültig ist. Mit einem Urteil wird zur Jahreswende gerechnet.
Seite 20: von links: © MEV/Pohl Michael; © dpa Picture-Alliance/dpa/dpaweb|Achim Scheidemann – Pulheimer Bürger wählen am Sonntag (18.09.2005) im Bürgerhaus in Pulheim. Bis zum Mittag zeichnete sich eine hohe Wahlbeteiligung ab. Bis 18 Uhr können rund 62 Millionen Bundesbürger den 16. Deutschen Bundestag wählen.; © dpa Picture-Alliance/dpa/dpaweb|Bernd Weißbrod – Beschäftigte im Öffentlichen Dienst und Mitarbeiter der Allianz-Versicherungsgruppe demonstrieren am Montag (05.12.2005) gemeinsam in der Stuttgarter Innenstadt gegen Arbeitsplatzabbau und Arbeitszeitverlängerung. Nach Angaben der Gewerkschaft ver.di versammelten sich auf dem Wilhelmsplatz rund 10 000 Demonstranten.
Seite 22: von links: 1. Und 2. © Hueber Verlag; © irisblende.de; © picture-alliance/dpa|DB Dagmar Meyer – Kirchenführer auf dem Weg zur Friedensgebet: Zwei Jahre nach den Anschlägen vom 11. September 2001 haben die Weltreligionen in einem Friedensappell zum Dialog als Mittel gegen Krieg und Terror aufgerufen. Zum Abschluss des ersten Weltfriedensgebetes in Deutschland wurde er am 9.9.2003 in Aachen vor rund 4000 Menschen verlesen. «Niemals können die Religionen Hass und Gewalt rechtfertigen», hieß es wörtlich in dem gemeinsamen Appell, der von Christen, Muslimen, Juden, Hindus, Buddhisten und Schintoisten unterzeichnet wurde. Das nächste Weltfriedensgebet findet 2004 in Mailand statt.; © MEV/Witschel Mike; © teamwork/Gehner
Seite 24: von oben: © Thinkstock/Stockbyte; © Thinkstock/Wavebreakmedia; © MEV
Seite 25: © Thinkstock/iStock/FikMik

Seite 26: Bundesadler © Thinkstock/iStock/armvector ; Länderwappen mit freundlicher Genehmigung der 16 Länderregierungen
Seite 27: oben © studio v-zwoelf – stock.adobe.com; Merkblatt Kindergeld und Logo © Bundesagentur für Arbeit; unten © Matthias Gaidosch; Logos: © Deutscher Caritasverband e.V.; © Diakonisches Werk der EKD; © AWO-Bundesverband e.V., Bonn; © DRK; © Zentralwohlfahrtsstelle der Juden in **Deutschland e.V.; © Der Paritätische**
Seite 29: © fotolia/bluedesign
Seite 30: 1 © picture-alliance/IMAGNO/Austrian Archives – Gruppenaufnahme aus der Anfangszeit des Motorwagenbaus. Photographie 1894.; 2 © BMW Group
Seite 31: oben © Hueber Verlag; unten von links: © Fr@nk – stock.adobe.com; © picture-alliance/ZB|Wolfgang Thieme – Zwickau (Sachsen): Die Mitarbeiter der VW-Sachsen GmbH in Zwickau-Mosel laufen bei Schichtwechsel am 05.05.2003 vor das Werktor zur Demo für eine 35-Stunden-Arbeitswoche. Mit einem Warnstreik fordern die sächsischen Fahrzeugbauer mit Nachdruck die gleiche Arbeitszeit wie ihre Kollegen in den alten Bundesländern.; Logos: © GEW; © DGB; © ver.di; © IG Metall
Seite 32: Plakat © Haus der Geschichte, Bonn; Karikatur © Reiner Schwalme
Seite 33: Bundesadler © Thinkstock/iStock/armvector ; Länderwappen mit freundlicher Genehmigung der 16 Länderregierungen; Quelle: Statistisches Bundesamt
Seite 34: Karte © fotolia/Artalis-Kartographie
Seite 36: Logos: © SPD; © CDU/CSU; © Die Linke; © BÜNDNIS 90/DIE GRÜNEN/gruene.de; © FDP/Liberalverlag
Seite 37: a © RBM Vintage Images/Alamy Stock Foto – Bau der Berliner Mauer unter bewaffneter Bewachung, Berlin, Deutschland, 1961; b © SuperStock/Alamy Stock Foto – Der Festtag der deutschen Nation – Die Reichshauptstadt am 30. Januar, dem 4. Jahr. Tag der Machtübernahme durch Adolf Hitler – Die Parade der Leibstandarte „Adolf Hitler"; c © dpa Picture-Alliance/Berliner Verlag/Archiv – Das Motiv aus der nationalsozialistischen Propaganda zeigt Panzer der Deutschen Wehrmacht bei einem Vorstoß in der Wüste in Tunesien, aufgenommen im Februar 1943. Die nationalsozialistische Berichterstattung schreibt am 11.02.1943 auf der Rückseite des Bildes: „Panzervorstoß im frühen Morgenlicht. Aufnahme von einem Panzervorstoß in Tunesien. In der frühen Morgenstunde gehen die Panzer aus ihrer Bereitstellung zum Angriff gegen den feindlichen Stützpunkt vor."; d © picture-alliance/dpa|Fotoreport – Ausgelassen feiert eine riesige Menschenmenge in der Nacht vom 2. auf den 3. Oktober 1990 vor dem Brandenburger Tor in Berlin die deutsche Wiedervereinigung. Mit dem Beitritt der DDR zur Bundesrepublik am 3. Oktober 1990 sind die Deutschen 45 Jahre nach Kriegsende wieder in einem souveränen Staat vereint.; e © picture-alliance/dpa – Die Konferenz von Jalta („Große Drei"), 04.-11.02.1945, Winston Churchill, Franklin D. Roosevelt und Joseph Stalin.; f © action press/Tourist - Im September 1989 drängten sich tausende DDR-Flüchtlinge in der deutschen Botschaft in Prag.; g © MEV/Photodesign Müller; h © fotolia/Artalis-Kartographie
Seite 38: oben von links: © Archiv der sozialen Demokratie der Friedrich-Ebert-Stiftung; © Deutsches Historisches Museum; © Roman Nerud/Alamy Stock Foto – Ansprache des Reichskanzlers Adolf Hitler vor dem Reichstag, 1. September 1939.; von oben: © picture-alliance/akg-images – Berlin, Reichskristallnacht 9./10. November 1938.; © picture-alliance/dpa – Beim Einmarsch deutscher Truppen in Polen am 01.09.1939 reißen Soldaten der deutschen Wehrmacht einen rot-weißen Schlagbaum an der deutsch-polnischen Grenze nieder. Am selben Tag verkündet Hitler vor dem Berliner Reichstag mit dem Ausspruch „Seit 5.45 Uhr wird zurückgeschossen..." den Ausbruch des Zweiten Weltkriegs. (Obwohl die tatsächliche Angriffszeit um 4.45 Uhr war. Drei Tage später erklären Großbritannien und Frankreich dem Deutschen Reich den Krieg.; © akg-images – Überlebende Häftlinge am Lagerzaun in Auschwitz (bei Oswiecim / Polen), nach der Befreiung durch sowjetische Truppen am 26.1.1945.; © picture-alliance/akg-images – 2. Weltkrieg / „D-Day" – Beginn der alliierten Landung in der Normandie unter Oberbefehl von General Montgomery, 6. Juni 1944. – Schiffe versorgen den alliierten Brückenkopf in der Normandie; Landungstruppen am Strand.; © Pictorial Press Ltd/Alamy Stock Foto – Herman Göring (2. v. l.) mit Martin Bormann in Hitlers Hauptquartier nach dem Attentat am 20. Juli 1944.; © picture-alliance/dpa|tass – Der sowjetische Soldat Militon Kantarija aus Georgien hisst am 2. Mai 1945 die sowjetische Flagge auf dem Berliner Reichstag. Dies geschah bereits nach der Einnahme Berlins durch die Rote Armee am 30. April 1945. Da aber weder ein Fotograf noch ein Kameramann anwesend war, wurde die historische Szene nach der Kapitulation Berlins am 2. Mai für den russische Kriegsfotografen Jewgeni Chaldej nachgestellt.
Seite 39: von links: © picture-alliance/Bildagentur Huber – Holocaust-Mahnmal, Berlin, Deutschland; © picture-alliance/dpa|Jens Wolf – Kränze mit Schleifen liegt am 22.03.2003 unterhalb der Jahreszahlen „1933-1945" an einem Mahnmal in der Gedenkstätte des ehemaligen Konzentrationslagers in Dachau. Vor siebzig Jahren gab Heinrich Himmler die Errichtung eines Konzentrationslagers in Dachau in Auftrag. Damit begann im März 1933 ein Terrorsystem, das mit keinem anderen staatlichen Verfolgungs- und Strafsystem verglichen werden kann. Zum Kommandanten des Konzentrationslagers wurde Theodor Eicke ernannt. Das KZ Dachau machte er zum Modell für alle übrigen Lager und zur Mörderschule für Angehörige der SS. Insgesamt waren über 200.000 Häftlinge aus mehr als 30 Staaten in Dachau inhaftiert. Am 29.04.1945 wurde das Konzentrationslager Dachau von Einheiten der US-Armee befreit. Bei der Befreiung befanden sich dort noch über 67.000 Häftlinge.; © hmsirnicolas – stock.adobe.com; © David Crausby/Alamy Stock Foto - Bronzetafel erinnert an die Buchverbrennung der Nazis. Bebelplatz Berlin, Deutschland.
Seite 40: 1 © The Print Collector/Alamy Stock Foto – Ruinen in Berlin, 06. Juli 1945; 2 © www.cartomedia-karlsruhe.de; 3 © picture-alliance/akg-images – Unterzeichnung des Grundgesetz/Foto Gründung der Bundesrepublik Deutschland: Unterzeichnung des vom Parlamentarischen Rat am 8. Mai 1949 verabschiedeten Grundgesetzes im Gebäude der Päd. Hochschule in Bonn am 23. Mai 1949. – Ein Mitglied des Parlamentarischen Rates bei der Unterzeichnung; hinter ihm Konrad Adenauer; sitzend mit Brille Adolph Schönfelder.; 4 © picture-alliance/dpa – Währungsreform 21. Juni 1948; 5: Fahne © Getty Images/iStock/creisinger; SED Logo © Getty Images/iStock/Hermsdorf; 6 © action press/Ringier AG
Seite 41: oben © picture-alliance/ZUMAPRESS.com | U.S. Air Force – 2. August 2018 – Berlin, Deutschland – Deutsche Kinder in West-Berlin winken einem Transportflugzeug der US-Luftwaffe zu, als dieses während der „Operation Vittles", besser bekannt als Berliner Luftbrücke, im Jahr 1948 auf dem Flughafen Tempelhof landet. Im Juni 2018 1948 schloss die Sowjetunion alle Landübergänge nach Berlin durch den sowjetischen Sektor Deutschlands und ließ Westberlin ohne Lebensmittel und Vorräte zurück. Die Flugzeuge der USAF und der britischen Royal Air Force flogen das ganze Jahr über und bis ins Jahr 1949 hinein rund um die Uhr, bis die Sowjets am

12. Mai die Landrouten wieder öffneten.; Ü8b von links: © picture-alliance/dpa | UPI – Nur mit Lumpen und unzureichendem Schuhwerk bekleidet arbeiten Trümmerfrauen auf einer Abbruchstelle.; © ClassicStock/Alamy Stock Foto – Ruinen in Aachen, Deutschland – zerstört durch Bomben der Alliierten und Waffen SS.; © picture-alliance/akg-images – Schaufenster Berlin, 12.5.1949. Aufhebung der Blockade (24. Juni 1948 bis 12. Mai 1949). Berlinerinnen drängen sich vor den Schaufensterauslagen eines Geschäftes, in dem wieder Wurst und Frischfleisch verkauft wird.; unten links © picture-alliance/akg-images – Berliner Blockade, 24. Juni 1948 – 12. Mai 1949. – Westberlin wird von den Westmächten ab 26. Juni über die Luftbrücke versorgt: Auf dem Kölner Rhein-Main-Flughafen wird Weizen für Berlin verladen.; Mitte © picture-alliance/akg-images – Schwarzhändler vor der Währungsreform. – Foto, 14. Juni 1948.; unten rechts © akg-images

Seite 42: 1 © Landesarchiv Nordrhein-Westfalen, Staats- und Personenstandsarchiv Detmold, Signatur D 81 Nr. 851; 2 © picture-alliance/dpa; 3 © picture-alliance/dpa | Chris Hoffmann – Der SDS-Chefideologe Rudi Dutschke (M, mit erhobener Faust), sowie der deutsche Lyriker und Schriftsteller Erich Fried (l) marschieren am 18. Februar 1968 in Berlin an der Spitze eines Demonstrationszuges gegen den Vietnamkrieg mit. An der Demonstration durch die Berliner Innenstadt nahmen nach Schätzungen der Polizei rund 8000 Demonstranten teil.; 4 © picture-alliance/dpa | UPI – Der deutsche Bundeskanzler Willy Brandt (l) und der sowjetische Ministerpräsident Alexei Kossygin (M) unterzeichnen am 12.8.1970 in Moskau den Deutsch-Sowjetischen Vertrag über den gegenseitigen Verzicht auf Gewaltanwendung und -androhung. Rechts der sowjetische Außenminister Andrej Gromyko, hinter Brandt der Generalsekretär der KPDSU, Leonid Breschnew, rechts daneben Staatssekretär Egon Bahr.; 5 © Archiv Grünes Gedächtnis, Berlin; 6 © action press/Zuma Press; 7 © picture-alliance/dpa|DB – Die sowjetische Delegation während der Warschauer Konferenz Anfang Mai 1955 (l–r): Marschall Iwan Stepanowitsch Konjew, Außenminister Wjatscheslaw Molotow, Ministerpräsident Nikolai Bulganin und Marschall Georgi Schukow. Die Sowjetunion sowie Albanien, Bulgarien, die DDR, Polen, Rumänien, die Tschechoslowakei und Ungarn unterzeichneten am 14. Mai 1955 den „Vertrag über Freundschaft, Zusammenarbeit und gegenseitigen Beistand" sowie den Beschluss über die Bildung eines „Vereinten Kommandos der Streitkräfte". Der Warschauer Pakt diente den osteuropäischen kommunistischen Staaten als Gegengewicht zur westlichen NATO.; 8 © United Archives GmbH/Alamy Stock Foto – Trümmerfrauen immer auf ihrem Posten, Berlin, Deutschland 1947; 9 © picture-alliance/ dpa | Repro: Fotograf Gerhard Adam, Jena – Bild-Reproduktion zu den Ereignissen am 17. Juni 1953 in Jena. Rund 600 Beschäftigte von Schott schlossen sich vor 50 Jahren dem Aufruf der Zeissianer zu Protesten an, bis zu 30.000 Menschen versammelten sich während des Volksaufstandes in der damaligen DDR auf dem Jenaer Holzmarkt.; 10 © Keystone Press/Alamy Stock Foto – Am 13. August 1961 begannen Baukommandos der Nationalen Volksarmee der Deutschen Demokratischen Republik mit der Errichtung der 3,50 Meter hohen Mauer (Bild), die den Ostsektor vom anderen Teil der Stadt trennte.; 11 © picture-alliance/akg-images

Seite 44: 1 © picture-alliance/dpa | ADN Zentralbild – Militärparade zum 40-jährigen Bestehen der DDR; 2 © picture-alliance/dpa | Frank Kleefeldt – Montagsdemonstration am 12.3.1990 in Leipzig.; 3 © picture-alliance/dpa|Wolfgang Eilmes – Von jubelnden Menschenmassen werden die knapp 800 DDR-Übersiedler auf dem Bahnhof im bayerischen Hof empfangen. Mit Sonderzügen der Deutschen Reichsbahn trafen sie am 5. Oktober 1989 aus Prag kommend, wo sie teilweise wochenlang auf dem Gelände der Deutschen Botschaft auf eine Einreisemöglichkeit in die Bundesrepublik gewartet hatten, ein. Viele fuhren noch am gleichen Tag in die Aufnahmelager weiter.; 4 © imageBROKER.com GmbH & Co. KG/Alamy Stock Foto – Fall der Berliner Mauer – Menschen aus Ost und West Berlin klettern über die Berliner Mauer am Brandenburger Tor.; 5 © picture-alliance/Ulrich Baumgarten – 13.12.1989, Berlin – Währungsumtausch Deutsche Mark Ost (rechts) gegen Deutsche Mark West (links).; 6 © picture-alliance/dpa|Oliver Berg – Das Dokument des Eingungsvertragsgesetzes – Das Einigungsvertragsgesetz setzte die im Einigungsvertrag (eigentlich „Vertrag zwischen der Bundesrepublik Deutschland und der Deutschen Demokratischen Republik über die Herstellung der Einheit Deutschlands") festgehaltenen Modalitäten des staatsrechtlichen Zusammenschlusses beider deutschen Staaten in geltendes Recht um. Es enthält die Zustimmung zum Einigungsvertrag und veröffentlicht den Vertrag, die Urkunden und die Vereinbarung. Das Schriftstück trägt den 23. September 1990 als Datum, Bundespräsident Richard von Weizsäcker unterschrieb jedoch den Vertrag am 24. September. (Aufnahme vom 24.9.1990 nach der Unterzeichnung in der Villa Hammerschmidt in Bonn).; Eva G. und Svenja T. © Gerd Pfeiffer, München; Jürgen R. © PantherMedia/Paparazzi.tv

Seite 45: oben von links: © Deutsches Hugenotten Museum Bad Karlshafen; © picture-alliance/dpa|DB – Drei italienische Gastarbeiter vor der Abfahrt ihres Zuges in die Heimat am Hauptbahnhof in Bamberg am 06.11.1964.; © direktfoto 2003/Ute Voigt; unten rechts © Deutsche Städtereklame, Frankfurt a. M.

Seite 46: Karte © Hueber Verlag

Seite 47: Flagge © MEV; Europatag © fotolia/nmann77; Europarat © Thinkstock/iStock/josefkubes; Teenager © Jupiterimages/BananaStock; Geld © MEV

Seite 48: EU-Flagge © MEV; Karte © Hueber Verlag

Seite 49: 1 © Thinkstock/iStock/Jakub Krechowicz; 2 © Thinkstock/iStock/M2K7; 3 © fotolia/Frizio 2014; 4 © Thinkstock/iStock/MattiaATH; 5 und 6 © Thinkstock/iStock/granata1111; 7 © fotolia/rsooll

Seite 51: von links: © fotolia/Thaut; © fotolia/makuba

Seite 52: Karte © Hueber Verlag

Seite 53: a © iStockphoto/ Claude Dagenais; b, f und l © irisblende.de; c © PantherMedia/photobag; d © project photos/Reinhard Eisele; e © Wachholtz Verlag; g © MEV; h © PantherMedia/Stefan Kassal; i © PantherMedia/Ludger Banneke-Wilking; j © iStockphoto/ Libby Chapman; m © Foustontene/Fotolia; n © iStockphoto/Kelly Boreson; o © fotolia/Dima; p © PantherMedia/photobag; q © Bildunion

Seite 54: 1 © Bilderberg/Jörn Sackermann; 2 © PantherMedia/Bernd54; 3 © MEV; 4 © PantherMedia/photobag; 5 © PantherMedia/rubble; 6 © Volkswagen AG; 7 © fotolia/Blickfang; 8 © MEV; 9 © Harzer Verkehrsband; 10 © Christoph Münch (Dresden Tourismus/www.dresden.de); 11 © MEV; 12 © Getty Images/iStock/Silberkorn; Karte © Hueber Verlag

Seite 55: a © PantherMedia/Zorka Vuckovic; b © PantherMedia/Daniel Käsler; c © iStock/Santje09; d © fotolia/by-studio; e © Thinkstock/iStock/Werner Münzker; f und g © Thinkstock/iStock; h © fotolia/Quade

Seite 56: a © Thinkstock/iStock/Fotofreak75; b © Thinkstock/iStock/Werner Münzker; c © Thinkstock/iStock/kabVisio; d © fotolia/by-studio; e © Thinkstock/iStock/Holger Muench;

f © Thinkstock/Stockbyte; g © fotolia/ninami; h © fotolia/Quade; i © iStock/Santje09; j © fotolia/Svenja98
Seite 57: © Thinkstock/iStock/oporkka
Seite 58: Ü1a: 1. Spalte von links nach rechts: © irisblende.de; © Getty Images/iStock/Liudmyla Malysheva; © irisblende.de; © Matthias Gaidosch; © iStock/corolanty; © Getty Images/iStock/pixelheadphoto; © Hueber Verlag
Seite 60: Fotos von oben: © iStockphoto/tobntno; © Thinkstock/iStock/lisafx; © Thinkstock/iStock/andriikobryn
Seite 61: von links oben: © Colourbox; © fotolia/Monkey Business; © irisblende.de; Mitte von links: © Laif/REA; © vario images/Ulrich Baumgarten; © www.sylentpress.de
Seite 62: © Hueber Verlag
Seite 63: rechts aussen © Frank Rogner; unten von links nach rechts: © Wolfgang Maria Weber; © argum/Christian Lehsten; © Matthias Gaidosch; © argum/Falk Heller; © dpa Picture-Alliance/Jan Woitas – ein Zivildienstleistender der Arbeiterwohlfahrt (AWO) liefert Essen auf Rädern am Dienstag (24.08.2010) an Senioren in Leipzig. Nach den Plänen zum Aussetzen der Wehrpflicht sind sich nun die Experten uneins, wie man den damit verbundenen Wegfall des Zivildienstes kompensieren soll.
Seite 64: Broschüre mit freundlicher Genehmigung des BRK-Kreisverbandes München; unten © fotolia/BeTa-Artworks
Seite 67: Jasmin und Janik © Gerd Pfeiffer, München; Hermann, Kinga und Svenja © Hueber Verlag
Seite 68: OP © fotolia/bilderbox; Zeugnisanerkennungsstelle © Christine Wittmann, München; VHS © irisblende.de; IHK © Hueber Verlag/Andreas Tomaszewski; Zertifikat: mit freundlicher Genehmigung der Akademie Städtisches Klinikum München GmbH
Seite 69: oben von links: © fotolia/Ilhan Balta; © MEV; © irisblende.de; Mitte © PantherMedia/Henk; Statistik © picture-alliance/Globus Infografik
Seite 70: Taufe © PantherMedia/Wolfsblut; 1 und 3 © irisblende.de; 2 © picture-alliance/dpa | Patrick Seeger; 4 © Thinkstock/iStock/Studio-Annika
Seite 72: oben von links: © irisblende.de; © Getty Images/E+/alvarez; Collage Automarken: © Audi AG, © BMW Group, © DaimlerChrysler AG Mercedes Benz Group, © Volkswagen AG; © PantherMedia/Ludger Banneke-Wilking; © MEV; unten von links: © Getty Images/E+/skynesher; © irisblende.de © imago/Sven Simon; © Birgit Tomaszewski
Seite 74: Illustration: Jörg Saupe, Düsseldorf; Geburtstag © Thinkstock/iStock/FlairImages; Frauen © Thinkstock/iStock/monkeybusinessimages
Seite 76: A © Thinkstock/iStock/monkeybusinessimages; B © Thinkstock/iStock/porah; C © Thinkstock/iStock/ashclear; D © Thinkstock/iStock/JackF; E © Thinkstock/Photodisc; F © Thinkstock/Blend Images/John Lund
Seite 77: A © fotolia/kwarner; B © fotolia/Ralf Kleemann; C © fotolia/Fiedels; unten © Thinkstock/Blend Images/John Lund
Seite 80: Statistik © picture-alliance/Globus Infografik
Seite 83: Fahne DDR © fotolia/moonrun; Wappen Berliner Bär © Stadt Berlin; Fahne BRD © fotolia/3D Designer
Seite 87: © MEV/Pohl Michael

Illustrationen: Mascha Greune, München
Bildredaktion: Britta Sölla, Hueber Verlag, München